床头经济学

宋清辉／著

电子工业出版社
Publishing House of Electronics Industry
北京·BEIJING

编辑说明

◎ 为了客观呈现新媒体的"真实面貌",对于一些当前十分流行但不符合出版规范的网络用语,本书采用语义相近的词语进行替代。

◎ 为了真实呈现互联网语境下的语言表达习惯,书中的部分内容,特别是在新媒体中常用的各种形象化词汇,尽可能"原汁原味"地保留约定俗成的表达方式,文中不再赘述。

自序 《床头经济学》是一盏指路明灯

我认为，是经济学改变了我！在未学习经济学之前，我的人生一塌糊涂。有时候，我想成为梭罗那样的诗人，带着一把斧子，居住在瓦尔登湖畔，与野兽为邻，以星空当被，探索生命的意义，让自己真正"生活"一次。有时候，我又想成为乔布斯、比尔·盖茨那样的商人，为了自己的兴趣爱好，即使辍学逐梦也在所不惜，毕竟真正追逐过梦想。有时候，我还想成为一个影视演员，拍几部影视作品，秀一下自己深藏不露的演技，以了却此生憾事。然而，经过十五年时间的磨砺，我成为一名独立经济学家。

在成为经济学家之后，我比以前更加忙碌。每天我都要接受大量的媒体采访，撰写大量的财经稿件，评析财经热点事件，指点江山、激扬文字，还经常奔波于各大机场、高铁站，穿梭于演讲台之间。当我发现很多人连股票是什么都不清楚，就带着几万元冲进了股市时，我下定决心做一件事情，那就是推动经济学大众化和通俗化，能够用三言两语说明白的经济现象，坚决不用一大串的数学公式或者眼花缭乱的模型去推导和解释。我这样做的最终目的，是给青年人带来一盏指路明灯。寒来暑往、秋收冬藏，这一干就是十五年。

经过十五年的积累沉淀，一部分读者成了我微博上的"铁杆粉丝"，这些读者给了我坚持下去的理由。如果没有这些"粉丝"的支持，说不定我早已隐居山林，与泥土花草为伴，过上晨钟暮鼓的生活了。

那么，经济学到底是用来干什么的？每一个人都有自己的理解，有的人说学习经济学是为了升官发财，经济学家的经济实力比一般人的要强，日子会过得很滋润；有的人说学习经济学可以让人变得更加理性，在事业或者日常生活中，奠定胜人一筹的基础；有的人还说经济学是"万金油"，经济学家是百事通，以后朝哪个方向发展都行得通，将来一定是职场上的宠儿。但在我看来，这些都不对，经济学既不是用来解释世界的，也不是用来改造世界的，更不是用来指导人生的，而是一个用来求知的学科门类，为的是给我们以启发。甚至可以说，思想自由而非财务自由，是成为经济学家的唯一途径。

什么样的人才能够算得上是经济学家？我个人认为，是那些拥有自由之思想、愿意接受不同观点的人，他们即使没有名牌大学学位及傲人的学习经历，也可以加入经济学家的行列中。经济学很难被具体界定到某个特定的职业领域，就业也显得不那么对口，当初设置经济学的初衷就是为了包容拥有各种不同背景的求知、求识的人群，例如，那些流落街头的人、找不到人生目标的人，或者是学识渊博的人。虽然从事经济学理论研究及其应用工作的专家，都可以被称为经济学家，但在高校、政府或者大公司等机构中任职的经济学家，并不一定就是真正的经济学家。自由市场是最公正无私的"裁判",它不会以一个人的学识水平高低、富裕贫贱程度,以及在各大电视台、网络上露脸的频率,来衡量一个人是不是经济学家。

经济学家应该是求知若渴、善于自我批判的人,并且批判自己如同批评他人一样激烈。与此同时,他们所揭示的财经真相,通常不是出于个人利益及所在单位的利益,而是公众的利益。若做不到这一点,就不能被称为经济学家。在经济学的征途中,我们每天都会遇到一个全新的复杂世界,当看到新的经济现象时,能够保持开放的态度,放下陈旧的观念,接纳不同的观点,是一个经济学家基本的素养。

对于经济学家从事商业活动,虽然按照"法不禁止则可行"的原则,经济学家有相应的权利和自由,但我仍然认为这有损职业形象,并不是因为商业活动往往与商业利益有关,而是这种行为涉嫌有意或无意地误导公众。一般而言,经济学家的报酬来自政府、高校、企事业单位等相关机构或公众的资助,同时经济学家还被赋予了相对较高的社会公信力,以便其能够在社会公共事务的大讨论中发挥建言献策的作用,个别"体制内"的专家学者甚至还具有参与制定公共政策的权力。若他们不与商业机构保持一定的距离,就可能身兼"裁判"和"运动员"的双重角色,在这种情况下利用自己的影响力谋求商业利益,无疑会对社会公众的利益带来潜在威胁。

那"体制外"的经济学家可以充当商业利益的代言人吗?很多人会认为这个问题可笑至极,现在都是什么年代了,依靠自己的本事挣钱是理所当然的!凭什么明星就可以通过商业代言赚得盆满钵满,而经济学家就只能坐冷板凳、甘于清贫。事实上,"体制外"的经济学家的确获得了比大部分人都要高的报酬,甚至有些知名度高但真才实学不足的人,获得的物质性报酬也相对较高。然而，他们却并非真正的经济学家，"经济学家"这一称谓对于他们来说仅仅是一个谋生的职业。据我观察，一些所谓的经济学家还四处突击入股，甚至其自身还是一些公司或者工作室的法人代表，"经济学家"对其来说只是做生意的一种营销工具。试想，在苦心经营企业或者四处走穴时，身心和时间都难以完全自由，何谈思想之自由、精神之独立呢？

那独立经济学家又如何呢？很多人认为如今的独立经济学家活得相当滋润，然而事实并非如此。除了身心相对自由，独立经济学家的时间和思想并非完全自由的，距离财务自由更是十万八千里，差一点的可能还需要家庭或者外部的资助。对于一些"双栖"独立经济学家而言，其日子可能会过得相对好一点，毕竟可以通过商业活动或经营企业谋生，成为"董事长经济学家"。但这样又回到了上面所述的市场经济学家的层面，也就是说他们打着独立经济学家的幌子，背后的目的仍然是牟利，有时可能还会误导公众，其性质与行商坐贾并没有什么不同之处。

2009年以来，我欣喜地发现，有一部分新兴领域的社会人士，也纷纷加入独立经济学家行列，其中不乏自学成才者、科班出身者，甚至还有不少海归及退休的公职人员。随着这支队伍的逐渐壮大，我相信会逐渐形成有别于诸多主流经济学研究的研究体系，并且逐步被社会所接纳。

床头经济学可作为通俗经济学的重要分支，用通俗易懂的语言来解释经济学基本原理，帮助普通人像经济学家一样研究和思考问题，看懂各种经济现象的本质，从而逐渐获得财务自由和思想自由。与此同时，床头经济学也是这本经济学入门书的书名，通过阅读本书，读者能够对通俗经济学有一个基本的了解。

愿这本《床头经济学》能成为你人生路上的一盏明灯，为你照亮经济学的世界！

目录

第1章 风起于青萍之末 危机多从自身来

1. 天地立人我立心　妄言岂能推股升 / *003*
2. 微信程序莫言小　共创平台成浪潮 / *007*
3. 无人机应时而起　规矩缺失难腾飞 / *011*
4. 普惠金融大发展　信用建设要跟上 / *015*
5. 应对摩擦有定力　立足创新解纷争 / *019*
6. A股繁荣众所期　存托凭证亦无奇 / *023*
7. 稳定股市无妙法　坚持制度重监管 / *027*
8. 桃花岛上做道场　特色小镇转型忙 / *031*
9. 国企改革有远见　绩效考核是关键 / *035*

第2章 浪成于微澜之间 创新才有新机遇

1. "双创"犹如通二脉　令畅人和促发展 / *041*
2. 百技学成一技新　增材制造有亮点 / *045*
3. 应运而生区块链　技新自可开宗派 / *049*
4. 新能源车求发展　零排法案可借鉴 / *053*
5. 现金无踪是表象　安全良性做基床 / *057*
6. 数字驱动迎创新　传统产业忙转型 / *061*
7. 微企成长事关重　精准扶持大不同 / *065*
8. 供需不同价不同　"地王"也难统江湖 / *069*
9. 上市与否各有因　听言不如探内心 / *073*

第 3 章 长风破浪会有时 巧转新思可攻山

1. 付费阅读如束脩　鼓励原创有讲究 / 079
2. 乱花迷眼探真咎　谨防投资成"偷油" / 083
3. 事出蹊跷必有妖　理论也需拳对招 / 087
4. 金融开放迎春天　风险防范有底线 / 091
5. 放权优化图振兴　深化市场求"真经" / 095
6. 技术服务作支撑　共享工厂有未来 / 099
7. 治理"僵尸"盼众手　多管齐下方有效 / 103
8. 中概好股有实学　名重嵩山靠真功 / 107
9. 入市捷途新三板　企业升级靠发展 / 111

第 4 章 直挂云帆济沧海 特点突出路自宽

1. 颜值经济在风口　男士爱美也潮流 / 119
2. 闺密天然爱分享　你买我买大家买 / 123
3. 母婴市场有新天　洞悉规律方赚钱 / 127
4. 孤独不为百花愁　冷眼人生尽参透 / 131
5. 文旅有幸成支柱　游客满意是基础 / 135
6. 抗癌良药去虚高　鼓励研发不可少 / 139
7. 金融普惠降成本　信保监管讲规范 / 143
8. 健康产业忌投机　良性有序能长远 / 147
9. 贸易强国有实招　创新驱动助领跑 / 155

第 5 章 夜阑卧听风吹雨 坐稳床头看未来

1. 临港新区毗香港　再创发展新天地 / *161*
2. 科创新板有重托　助力强国立正位 / *165*
3. 容才终能聚人心　城市熔炉有感情 / *169*
4. 工业互联成大器　脱胎换骨着新衣 / *173*
5. 欲求消费靠创新　用户满意是砥柱 / *177*
6. 引才不宜束手脚　人尽其才尤可贵 / *181*
7. 战略工具是数据　工业发展不可缺 / *185*
8. 莫言愚者是痴人　恒心毅力助国强 / *189*
9. 迷雾蒙眼心不慌　稳中有进质可期 / *193*
10. "证照分离"全覆盖　制度创新造格局 / *197*
11. 三大板块有新机　投资取向看真意 / *201*

后记 / *205*

第 1 章

风起于青萍之末
危机多从自身来

1 天地立人我立心 妄言岂能推股升

当前的A股市场及未来的A股市场，不可能让所有人都满意。因为A股市场最初就不是让股民赚钱的地方，而是一个让企业获得融资的地方，只是在不断发展的过程中，股民从中赚钱的效应受到各方追捧。当然，对于很多投资者来说，不会去也不愿意去理解A股市场到底是什么。对他们而言，只要在A股市场中亏钱，就认为这个市场就存在问题；只要有人提到投资者教育，就认为这就是在忽悠股民；只要有人敢痛骂证监会，就认为这些人便是"为民着想""敢讲真话"的大好人。

必须承认，现在的A股市场的确存在一些不足，比如制度不完善、存在漏洞、处罚力度不严、运作不够透明等，也一直被人们称为一个不成熟的市场。市场不成熟并不是股价随意下跌的借口，A股市场在这种环境中已经经历了数次大涨大跌。成熟市场也不可能一帆风顺，但成熟市场的股价大多会以业绩为支撑，当上市公司的业绩不符合预期时，同样可能被市场参与者怀疑。

成熟市场的标志是什么？其实，成熟市场并没有所谓的标志，那些被我们称为已经成熟的资本市场至今仍在持续自我完善，它们并不是成功市场的风向标，即便A股市场与发达国家的资本市场接轨，也不能将其视为成熟的市场。一个真正成熟的资本市场，根基在于市场化，其主体是市场而非监管机构，其服务对象是上市公司而非中小投资者，其作用是提供公平交易的平台，而非一味促进股价上涨。

什么是市场化？注册制是市场化的一种形式，宽泛来说，只要是合法合规的公司都应该能获得上市资格，就可以在股市中募集资金。如此一来，大量缺少资金、需要融资的公司都可以登陆A股市场，这是公司应有的权利。股民的权利，就是可以选择自己中意的上市公司、买这些公司的股票，然后自负盈亏。这就好比彩民选择了自己中意的号码，没有中奖也只能愿赌服输。

在注册制之下，新股难以出现连续的一字涨停，不仅新股难有大涨，上市已久的个股也会受到影响。因为资金可选的标的会越来越多，资金的布局也会因股市体量的增大而分散，市场、板块、个股的市盈率在这种情况下也将逐步回调至合理区间。在这种环境下，业绩将成为上市公司股价上涨的重要支撑，投资者若想抓住牛股，必须研究上市公司的基本情况、招股说明书、业绩报告、股东大会决议等，而非听信各种小道消息、民间股神荐股，以及各种胡侃的所谓"底部"。

注册制对 A 股市场的发展是利好政策，对股民却不一定是好事。对 A 股市场的发展是利好政策，是因为越来越多的企业将获得资金支撑，有助于宏观经济增长，优质企业将越来越好，劣质企业将被市场逐渐淘汰；对股民不一定是好事，是因为那些虚高的股价可能会回归理性水平，进而导致资金缩水。

所以，部分人不希望实施注册制，并且希望暂停首次公开募股（Initial Public Offering，IPO）。暂停 IPO 是一种饮鸩止渴的做法，这种做法无疑会切断欲融资企业的重要融资渠道，虽然在表面上能令 A 股市场"暂时不失血"，但会对宏观经济的发展造成不利影响。从理论上来说，资金紧缺的企业可能会因融不到资而破产，IPO 暂停时间越长，受到影响的企业就越多，其后还将影响供应链上下游企业，进一步影响国内生产总值（Gross Domestic Product，GDP）。说句狠话，暂停 IPO 让我们看到的是暂时保住了股民的钱袋子，而我们看不到的是，一些极具潜力的创业创新型公司可能因为最后的融资艰难而被毁掉。

暂停 IPO 这种市场干预方式，背离了市场化原则，不利于 A 股市场未来的健康发展。在股市遭遇重挫时，救市很有必要，但救市政策却显得多余。救市是一种手段，国家可以调用可使用的资金来稳定市场局面，以市场介入的方式兜底，尽快恢复投资者的信心；救市政策是一种干预，是治标不治本的方式，例如，减持新政看起来减缓了资金流出速度，但无法削减未来的资金流出总量，只是降低了市场触底的速度，而没有给予反弹、上涨的动力，所以股市的未来仍不容乐观。

A股市场的监管者有时会在舆论中显得摇摆不定，在股市低迷时期出台的各种政策更像是对股民的妥协，这样做的结果虽然会刺激股市上涨，但这些上涨往往是昙花一现。

想让A股市场真正实现健康发展，要做的事情还有很多，主要包括堵住各种漏洞，清除各种不公平的交易行为，让A股市场真正以市场为主导等。如果一味以舆论为"主导"，用这种方式实现所谓的"完善"，A股市场恐怕难有未来。

2 微信程序莫言小 共创平台成浪潮

从技术角度来看，微信的小程序功能并不难实现，只要双方达成协议，微信向各种授权应用程序（Application，App）的运营方提供接口，用户就可以通过微信使用各种小程序。微信可以这么做，支付宝自然也可以这么做，360也能这么做。只不过，微信背后有着极为庞大的用户群体，有着让所有其他国内企业羡慕却难以达到的流量，这也让微信在小程序方面更加具有优势。

从微信的发展历史来看，最初微信为移动终端的即时通信软件，随后接入了消息资讯及自媒体平台，还开通了红包功能，打开了金融交易端口，如今再加上小程序的功能，微信已经成为集通信、阅读、交易及生活服务等应用功能为一体的移动平台，也成为人们生活中不可缺少的一部分。可以说，微信每一次增加新功能都被外界解读为一次新的变革，也让微信未来的发展充满了更多可能性。

但笔者看来，微信当前的小程序功能既不是技术创新也不是模式创新，其与苹果公司的苹果操作系统（iOS）和微软公司的安卓操作系统（Android）无异，更何况微信还仅仅是基于这两大系统的一个App。微信小程序未来有可能对App形成垄断，如果苹果公司和微软公司认定微信小程序存在挤压对手等不正当竞争嫌疑，这两大巨头在系统中封杀微信的情况是随时都有可能发生的。如果微信想创造更为丰富的生态，就需要自行研发不会受到干扰的移动端操作系统，否则一旦遭到产品下架和技术封杀，辛辛苦苦抢占的市场很可能瞬间被其他竞争对手瓜分。

另外，微信中的小程序也并非首创，多年以前诸如开心网、人人网、网易公司推出的偷菜、停车位等游戏，就是一种小程序。脸书（Facebook）也推出过相关的小程序平台，微信想打造的生态和其极为接近，Facebook的小程序平台，一是能够让用户在该网页中有更久的停留，二是将支付嵌入了各个环节当中。还有一个相同点是，这两家互联网公司随时都有可能因为小程序平台而被系统封杀。

至于说其技术也并非创新，因为微信的钱包功能中早已经融入了诸如京东、大众点评及与城市生活相关的多种应用程序。我们可以认为微信小程序的推出是因为其钱包功能已经不便载入更多的接口，小程序则可以满足这一点。不过，从推出微信小程序的初衷来看，其并不会对各种App产生排挤效应，反而会令一些有价值的App更加引人注目。这是因为，不少互联网公司都希望能够通过微信本身庞大的用户群体，实现一定的引流，而且根据微信的特点来看，未来流量大且交易量大的小程序，极有可能被放入钱包功能中，以便用户使用。

从微信前期的各种颠覆性功能来看，微信小程序必然将加剧行业之间的竞争。从微信将小程序定义为"工具"这一角度来看，绝大部分小程序的内容是要能够实现交易的，也就是说微信小程序是一个垂直化的交易应用平台，一些如游戏、写作、制图等不付费的App很难被纳入小程序中，除非它们是很好的合作伙伴。

依照市场的惯性，只要微信小程序能在iOS和Android系统上站稳脚跟，那么自然会有大量的App将增加所谓的"应用平台"功能。在垂直化的惯性思维下，极有可能出现金融平台、游戏平台、音乐平台、制作平台等各类垂直化应用平台。就如同如今持续火热的自媒体一样，会催生一大批优质的内容生产者。因此我们有理由相信，在微信小程序的引导下，未来也将有一大批程序生产者诞生，为我们创造出更多的优质"工具"。

未来，微信和其他相关App都会继续存在，只不过越来越多的App会寻找更多的接口以获取更多的流量，更会有开发人员将放弃App制作，仅通过小程序的方式寻找流量并变现。未来几年移动终端将进入"App大战"。

随着手机制造技术的不断更新，我们有理由相信，两三年后手机的容量将更大、处理器运行速度将更快，各种App在未来都不会对手机造成"压力",那么微信这种无须下载、用完即走的小程序还有多少优势呢?要知道,一个产品被市场淘汰可能并不是因为有更强的竞争对手出现,而是被某种新生事物变革的结果,或许这才是微信的危机。

3 无人机应时而起 规矩缺失难腾飞

当各式各样的无人机在所谓的创客活动中展示出来时,笔者的第一感受是这和二十多年前小孩子们喜欢的电动遥控飞机并没有太大差别。只不过这种"玩具"已经被制造商们赋予了许多以前没有的功能,例如,放个高清摄像头就可以实现高空拍照,挂上一个戒指就可以用来求婚等。

和孔明灯一样,无人机被爱玩的人们玩出了不少坏事。近年来,已经出现了多起无人机逼停航班事件,一个价格几千元或几百元的无人机导致成千上万人行程受阻,严重影响社会秩序,间接经济损失更是不可计量,足以显现一个小物件"一夫当关,万夫莫开"的本领,令不少人对此极为反感。被人们当成玩具的无人机,明显被用在了错误的地方。

上市公司中有很多在开发无人机,这或许会令很多投资者感到疑惑,因为当前似乎已经满天都是无人机了,再开发无人机还有什么意义呢？这在很大程度上是因为没有多少人能够看到无人机在实体产业当中可以替代人工的作用。

无人机的用途可以分为军用和民用，在军用方面包括侦察、探勘，甚至还可以远程投放炸药及执行远程射击，这就要求无人机具备反雷达、反破译、精准远程遥控、精准定位及数据即时反馈等各种尖端技术。

在民用方面，农用无人机可以进行农药喷洒、驱赶鸟类等工作，在影视拍摄中可以实现效果更好的航拍，在物流业当中可以起到搬运物品的作用，在安防工作中可以从更好的角度对各个区域进行监控。无人机在研发、生产的过程中，还有可能带动其他相关行业的发展，令各产业产品的实用性大大增强。这样的无人机不是简单的玩具，而是真的能给人们带来各种便利，能够降低很多行业的生产成本，能够在很多行业中辅助提升工作效率。

但就现阶段情况而言，在中国尚未对无人机做出明确监管和全面管控的时期，笔者认为需要限制无人机的发展，这不是因噎废食，而是因为玩具型无人机目前造成的不良影响已经大于无人机的贡献，除非大家都很自律，但这种情况在短时间内极难实现。

对无人机的监管难度非常大，即便政府对无人机进行技术限制，要求在芯片中设定飞行高度和禁飞区域，但很多低端无人机的配置是轻机架、四到八个螺旋桨、一个无线控制器，根本无法设置飞行高度和禁飞区域。更何况还有生产山寨高端无人机的商家，为了吸引用户而将所购置芯片内的"禁令"全部抹掉，让芯片技术难以产生实质的控制效果。

有人提议出台要求企业有牌照才能生产无人机的政策，但由于玩具型无人机制造门槛低，必然会有不少无牌照作坊进行仿冒生产。假如要求操作员考证才能操作无人机，但就当前技术而言，我们很难通过无人机追踪到操作员的位置，难以立刻定位到操作员本人身上。

也就是说，从当前情况来看，无论是技术手段还是法律手段，都很难应对当前的无人机乱象，如今地面有交警，网络有网警，但空中尚未有空警。所以，也只能采用一些耗费财力的方式进行治标不治本的管控工作。

考虑无人机在空中可能具备的危险性，中国需要尽快对无人机进行立法，一方面要提高无人机生产企业的违规成本，对于生产的不合格的无人机，企业负责人必须受到严惩；另一方面中国需要实行无人机及其操作员实名制，对未进行实名注册的无人机和操作员同样要严惩。就如同汽车一样，汽车必须备案，驾驶员必须接受培训和考试，违规驾车会被罚款、扣分，严重时有可能被吊销驾照，甚至入刑。

如今很多新生事物的前景和"钱景"都缤纷无限，可是由于缺少相关法律法规的限制，导致乱象丛生，曾经时不时爆出跑路新闻的互联网金融点对点借贷平台（P2P）在被监管下已经有所稳定。无人机也一样，其可在空中飞行的特殊性质更令其有被立法监管的必要，要知道，放飞气球都需要向相关部门进行申请，更何况是无人机。

也许有些人会觉得对此立法太过小题大做，但哪天等无人机导致地铁中断，走在路上的人被飞来的无人机撞到脑袋，甚至有人发现有无人机在窗外拍摄自己的家，他们才会意识到无人机的野蛮生长是一把"双刃剑"。

4 普惠金融大发展 信用建设要跟上

当前，中国信用保险市场正处于快速发展过程中，但和大多数险种一样，还处于不成熟的阶段。在外资大量进入中国市场之时，国内保险业的体系必须被健全起来。同样，当前看似如火如荼的小微金融在未来也很有可能会遭到来自各方竞争对手的冲击，规范化是未来发展的必然方向。

相对于外资企业，本土企业更适合做普惠金融，普惠金融这一概念由联合国在2005年提出，是指以可负担的成本为有金融服务需求的社会各阶层和群体提供适当、有效的金融服务，小微企业、农民、城镇低收入人群等"弱势"群体是其重点服务对象。不过，普惠金融企业也许并不愿意为上述相当一部分人群提供服务。

因为普惠金融企业所服务的对象需要满足一个重要条件，就是这些对象能够在使用资金之后及时归还，正因为如此，所谓的"普惠"金融很难成为真正的普惠金融。普惠金融是一种金融形态而非慈善产品，推出普惠金融业务的企业，一是为了通过普惠金融业务获得经济利益，二是为了通过普惠金融业务获得更多的个人数据，三是为了让自身获得更大的影响力。

普惠金融，尤其是针对个人消费者的普惠金融，必须区分其服务对象，简单来说就是"救急不救穷"。以营利为目的的金融企业愿意救急，因为"急"可能是暂时没有钱，所以不得不到处找人借钱去完成某些事情，待事情结束或某时间点到了，借款能够连本带利回到贷款人手中。但如果将钱借给长期都会没钱的"穷"人，即便用再强硬的合法手段要求对方还钱，也无济于事，因为对方是真的没钱。当然，也并非所有的"急"都要去救，只有符合普惠金融企业的客户定位的人，才能在自己处于"危机"之时，向普惠金融企业寻求帮助。

和以往的线下金融不同，普惠金融业务更多在线上操作，在线上判断借款申请人是否具备还款能力，自然不同于以往费时费力、高成本的老办法，大家耳熟能详的征信、大数据就是线上判断申请人是否具备还款能力的重要依据，通过收集的数据判断申请人的信用是否过关、能批多少额度。

普惠金融的发展离不开信用体系的支撑，至少到目前为止，这也是大多数普惠金融企业对借款申请人进行判断的唯一手段。对于金融行业而言，不良率一直是其发展的痛点，因此，控制不良率和风险最直接的方式，就是"拉黑"，即有的借款申请人信用达不到金融机构的借贷门槛，金融机构就会拒绝其申请，以防借出去的资金再也收不回来。

据了解，每个在美国拥有合法居留权的人都会领到一张唯一的、终身有效的社会保障卡，这张卡内记录的信息包括银行账号、税号、信用卡号及社会医疗保障号等，并会将每个人的各种信息都记录在内，如年龄、教育背景、工作经历，以及与税务、保险、银行打交道时的信用状况等，一旦某人有严重不良信用记录，之后便会受到一连串的拒绝。在这种情况下，银行的风控压力相对较小。

如果没有信用体系，别说不法分子，任何贪图便宜的人都会想尽办法"榨干"金融机构。我们现有的信用体系主要以央行（中国人民银行）的个人征信系统为主导，配合相关公共部门的数据库，其覆盖面也不够广，因此有可能有人做了不好的事情，其征信信息也不会被体现出来，这难免就会催生出个别胆大妄为的"蛀虫"。所以，只要和金融相关的行业，都需要将信用体系的建设摆在关键位置。

在信用体系的建设过程中，大数据可以发挥重要作用。通过对大量数据的收集整理，计算机可以分析出人们的信用情况。对于互联网金融的发展而言，我们可以通过大数据分析，对每一位客户做到"知根知底"，通过已获得的信息，为人们"定制"符合其标准的精准金融服务。

在数字经济时代，日益成熟的大数据体系使个人信用情况越来越清晰、透彻，但数据并不是万能的，个人信用不符合标准并不意味着这个人不可靠。例如，有的人从未出现过欠费不缴的情况，但因为其从未使用过信用卡，或是从未使用过某 App，所以相对应的信用评估等级就不高，想通过信用获得贷款便成为非常不容易的事情，这便是当前推进普惠金融的难点之一，原因就在于普惠金融的"基础设施"尚待完善。

5 应对摩擦有定力 立足创新解纷争

由美国挑起的贸易摩擦呈现出诸多变化,对中美双方的部分外向型企业都造成了不同程度的影响。对中国企业而言,贸易摩擦虽然对一些核心竞争力较强的企业影响不大,但对于一些产品竞争力较弱、过于依赖外企的品牌与技术的中小型企业而言,影响不小。由于受到成本增加和订单减少的压力,个别中小型企业面临着停产、转产等风险。不过,大多数企业面对挑战仍旧是充满信心的,政府也通过采取一系列措施,积极帮助这些企业应对随时可能出现的困难。

对于中国企业而言,未来只有走上自主创新之路,专注于前沿技术的研发与量产,才能够增强自身在国际市场的话语权,才能在面对激烈的国际竞争和贸易摩擦之时,表现得游刃有余。总体而言,笔者建议中国企业应朝着如下方面努力迈进:一方面,通过自主创新、多元化发展等寻找新的机遇;另一方面,深耕"一带一路"市场,在国际上持续保持核心竞争力。具体思路如下。

第一，提升自主创新能力，加强对企业知识产权的保护。自主创新是企业生存的根基，也是打赢贸易战的关键。为什么有一些中国高新技术企业并不惧怕贸易摩擦？原因在于企业的核心技术不受制于人，其自主研发的产品性能已经达到或超越进口产品的性能，形成了完全的自主品牌体系。相反，那些以来料加工、组装和零部件制造为主的低附加值型企业，由于处于全球价值链的最低端，在贸易摩擦尚未结束的大背景下，无疑将受到较大的挑战。

在中美贸易摩擦中，"缺芯少魂"仍是我们经常谈及的话题。据清晖智库统计，2013年以来，每年中国芯片（集成电路）进口额均超过2000亿美元。这是什么概念？可以说，芯片已经成为每年中国最大宗的进口商品。事实上，早在2017年，芯片就已经替代原油成为中国第一大宗进口商品。作为世界上最大的半导体芯片消费市场，中国不能再"缺芯少魂"，这已经成为许多业内人士发自肺腑的呼声。芯片一直依赖进口，除了与中国半导体产业发展相对较晚有关，也与半导体设备行业门槛高、当前正处于寡头垄断局面有关。中国要想在芯片领域"雄起"，就必须借助完全的自主创新，量产芯片。

当然，除了努力提高自主创新能力，还应该在国际市场中高度重视对专利和相关知识产权的保护。为此，建议中国企业尽快建立内部的知识产权管理部门，并制定企业的知识产权策略，这样才能在发生贸易纠纷之时，及时利用法律武器来保护自身的知识产权。此外，中国企业还可以利用世界贸易组织（World Trade Organization，WTO）争端解决机制，向 WTO 提起申诉，让其判定对方的行为是否违反 WTO 的相关规定。

第二，加速布局多元化市场，积极调整发展战略。近年来，"走出去"的大部分企业，在致力于开拓国际市场时，都难免会受到贸易摩擦的波及。面对国际贸易保护主义高墙，中国企业应积极调整市场战略，一方面加大对国内市场的开拓力度，另一方面可以在北美、欧洲、南美、亚太和非洲等地区开辟新战场，并优化调整产品结构，提高产品的附加值，逐渐实现多元化经营，减轻贸易摩擦带来的不利影响。同时，中国企业还可以主动与上下游合作伙伴协商解决方法，降低因关税提高而增加的成本支出。

近年来，我们观察到，只要有一个国家针对中国发起贸易调查，总会有跟随者闻风而至，这让不少中国出口型企业相当被动。笔者认为，只有加速布局多元化市场，积极调整发展战略，才能够从容应对贸易摩擦，为企业高质量的发展积蓄十足后劲。

第三，深耕"一带一路"市场，降低贸易摩擦影响。"一带一路"倡议提出几年来，已从中国倡议发展成世界"强音"。在此背景下，中国企业的产品出口到"一带一路"沿线国家和地区时，所遭遇的反倾销调查和其他贸易壁垒大大减少，使得企业可以"自由自在"地发展，几乎免受贸易摩擦的影响。与此同时，越来越多的"一带一路"沿线国家和地区的合作伙伴在报关、退税等环节开始使用人民币结算，不但帮助进出口企业节省了大量交易费用，而且还有效规避了汇率风险，极大地促进了跨境贸易发展。未来，预计会有更多国家和地区的合作伙伴选择以人民币作为结算货币。

6 A股繁荣众所期 存托凭证亦无奇

对新股民而言，存托凭证看起来很"高大上"，可以让在境外 IPO 的中国上市公司回归境内。存托凭证在中国也不是什么新鲜事，在 2000 年左右，就有公司表示希望在境内发行存托凭证，一度引起了热议。站在当时的角度来看，A 股市场尚未完全对外开放，人民币在资本项下未实现完全自由兑换，发行存托凭证并不符合当时的国情。

近年来，我国证券市场日趋规范，国际化程度日益提高，金融监管能力不断加强，但决策层对存托凭证的态度依然谨慎。例如，《关于开展创新企业境内发行股票或存托凭证试点的若干意见》作为我国第一份关于存托凭证的官方指导文件，对存托凭证提出了不少严格的要求。

指导文件的出台并不意味着存托凭证可以马上发行，真正实施运作存托凭证，首先需要解决三个问题。第一，如何建立制度？第二，如何筛选企业？第三，怎样保护投资者？官方出台的指导文件是制度的框架，给人的第一印象是做到了创新和敢于尝试，第二印象则是继续保持了谨慎的态度，以防风险。存托凭证初次试点的门槛非常高，会给人一种国际板"转世"的感觉：一是在境外注册的企业在境内上市，二是条件之严格如核准制度一样，虽然与国际板的定义有差别，但在投资者的眼中差别甚少，且这种做法更容易引起市场的关注。

制度的建立必须非常严谨，存托凭证该如何使用、托管机构该如何运作、出现漏洞该如何封堵、出现违规情况该如何处置及灰色地带该如何监管等都是管理层需要考虑、分析、研究并做出相应对策的。如果不完善存托凭证的制度建设，不做好相关的监管工作，单纯为了推行存托凭证而推行，相关监管部门迟早会被投资者诟病。

监管部门对上市公司提了很多要求，这种方式和在中国 IPO 的要求一样，毕竟监管部门不希望存托凭证不光彩。问题在于，收入和市值等方面的条件，仅能表示该上市公司以往的业绩，如果在存托凭证发行之后，上市公司的收入和市值一年不如一年，并在后期长期低于指导文件的规定金额，那么该如何处理？如果上市公司的业绩出现持续亏损，又该如何进行风险警示处理？如果有境外资金通过资本运作的方式成为第一股东入主公司，通过其他方式变更了公司性质，使之成为境外公司，又该怎么处理？

做好投资者保护和教育工作，是落实存托凭证的前提条件之一。虽然存托凭证的设立符合我国相关法律规定，但由于存托凭证的特殊性，投资者的保护难度也许会非常大。

不少人都希望存托凭证能够尽快落地，因为它能为我国带来更多的优质上市公司，让投资者有更多的选择，并且希望通过这些规范上市的公司，倒逼那些 A 股市场中表现不佳的公司进行自我完善，从而实现 A 股市场整体的繁荣。

回想 A 股市场的国际化进程，即开通沪港通的第一天，市场表现惨淡，人们所期待的"爆棚"景象并没有出现，可见国内投资者、机构及追捧者太过乐观。在 A 股市场中，无论是制度还是投资者，都不太成熟，因此，不排除企业在境外上市能够获得境外资金的追捧，回到境内之后便会遇冷。境外投资者以机构居多，其要比散户更理性、更谨慎，并有一系列的操作方式；境内的投资者则以散户居多，他们更多的表现是迎合市场、追涨杀跌。当存托凭证真正落地后，市场是火爆还是冷清，还需要时间去见证。

从出发点来看，监管部门推出存托凭证对中国资本市场整体而言是一件好事，但也正是因为市场自身的问题，才令这些中国优质企业不得不到境外资本市场寻求融资，再通过存托凭证将其"接回"，这种"出口转内销"的模式可谓多此一举、劳民伤财。如何调整 A 股市场的上市制度、设置严格的退市制度，如何令 A 股市场更加市场化、透明化、规范化，让中国的投资者真正享受到所投资公司的发展带来的红利，让资本真正为实体经济服务，这是值得我们思考的问题。

7 稳定股市无妙法 坚持制度重监管

从各国证券市场的发展来看，没有哪个国家或地区的股市发展是一帆风顺的。就如近年来不断创造历史新高的美国股市，其在两百多年的发展过程中也经历过暴跌，当下的繁荣是以这些暴跌为代价而来的。A股市场的起步较晚，虽然有大量的境外经验可以借鉴，但因为情况不同，效果也不一样，因此不可照搬滥用。

同理，只有通过长时间的摸索和检验，才能探索出真正符合中国国情的证券市场，一方面能为企业提供融资服务，另一方面能为投资者提供投资服务，同时能保证证券市场的公开、公平、公正。在这个探索过程中，股市出现疲软是正常的现象，为历史遗留问题买单是股市最近几年疲软的原因之一。例如，监管部门近两年对A股市场的监管和惩治的力度不断加大，挖出了许多"蛀虫"，令不少股市中的巨额资金无法在市场中兴风作浪，这让A股市场变得日趋健康，但也导致其活跃程度有所下降，并对股价造成"拖累"，给市场中各方带来了一定的恐慌情绪。

　　虽然有一定的副作用，但若不将此前的漏洞补上，只是单纯地想办法把股市涨上去，漏洞只会越来越大。不过，值得注意的是，这种为历史遗留问题买单的行为所导致的市场下跌，虽然惩治了一部分不法人群，但也让广大股民的财产因此受到损害，并导致监管部门的公信力下降。除此之外，监管部门的一些措施目前虽然保护了 A 股市场，但最终可能会起到相反的作用，这更令市场各方对监管部门有了不同看法，因此而导致的市场信心不足、情绪低迷，又给 A 股市场施加了不小压力。

　　除了历史遗留问题，导致 A 股市场近年来持续下行的因素还有很多。例如，中美贸易摩擦引发的一系列问题，也令 A 股市场大受影响。就当前环境而言，A 股市场虽然看起来仍然疲软，但整体并没有太多的缺陷，如果相关部门在这个时候选择出手救市，反而会对 A 股市场后期的运行造成不良影响。所以，着眼长期，根据中国国情、战略按部就班进行发展，才是明智之举。建议中国继续实施稳定的货币政策，并通过相应工具应对市场上的不确定情况，使中国经济保持平稳发展；建议通过"一带一路"倡议，高举和平发展的旗帜，积极发展与沿线国家和地区的经济合作伙伴关系，共同打造政治互信、经济融合、文化包容的利益共同体、命运共同体和责任共同体；建议继续稳定推进资本市场改革，进一步改善资本市场环境，完善证券市场制度并将监管落实到位，为企业融资、投资者投资创造可靠的环境。

在短期措施方面，建议监管部门从以下五方面着手，提升股市投资者的信心。一是加强对股市交易的监管，坚决打击内幕交易，提高监管部门的公信力；二是鼓励上市公司的股东、高管、员工增持公司股票，提高投资者对上市公司的信心；三是进一步扩大对外开放，为 A 股市场引来增量资金以稳定市场预期，同时推进国际化；四是预备适量救市资金，在适当情况下果断出手稳定股市，而非提振股市；五是要监督社会舆论尤其是自媒体，对发布不实信息、恶意扰乱股市秩序的文章和广告的运营者进行严肃惩治。采取这些措施的目的，并不是要推动股市快速走高，而是要稳定 A 股市场。

我们需要认识到，A 股市场繁荣的前提是经济的稳健发展，在强有力的经济基础下，股市才能获得有效的支撑。上述工作不可能在一两天内完成，需要各界长期共同努力；上述工作也不可能马上就在 A 股市场中见效，只有市场慢慢将这些"内容"消化，才有望改变当前的格局，令股市的表现和经济的表现挂钩。更重要的是，资本市场需要认真服务于实体经济，优化市场资源配置，在经济稳健增长的环境中为股市注入积极、向上的"慢牛"动力，以此形成良性循环，推动经济和股市共同健康发展。但想要让投资者对市场马上恢复信心，难度不小，这需要投资者在当前低位股市中扛住压力，不因为股市行情表现不佳而心态消极，要相信在经历多次风雨之后，中国的资本市场终会为投资者带来真正的惊喜。

截至 2019 年 11 月底，A 股市场的多只个股已经回调至阶段低点甚至历史低点，处于估值极为"便宜"的"历史时期"，许多已经跌怕了的投资者已经对时不时就出现的阶段底部开始感到恐惧。从短期来看，A 股市场可能会持续震荡，并且会出现大起大落的"过山车"行情。但就中长期来看，A 股市场当前的行情是又一个历史底部的再度确认。相信通过相关机构和投资者的共同努力，A 股市场定能穿过迷雾，稳定向好。

8 桃花岛上做道场 特色小镇转型忙

某些地方政府所说的转型，主要靠文学修辞方式将能够推动区域经济发展的"产业集群"进行升华，将其叫作"城区产业综合体"，如果觉得高度还不够，再加一些文学色彩予以拔高，就成为"特色小镇"。所谓特色小镇，从中国现有的情况来看，就是依靠一个或少数几个特色产业，或者特有的环境因素，打造出来的具有明确产业定位、带有城区生活功能的综合开发体。

特色小镇主要有三种，第一种是自然形成的特色小镇，通常会以旅游业为主，如凤凰古城、江西婺源等；第二种是通过媒介宣传形成的特色小镇，如因娱乐节目《爸爸去哪儿》而闻名的雪乡；第三种是地方政府为了经济发展而打造的特色小镇，如常州的石墨烯小镇、徐州的沙集电商小镇。

自然形成的特色小镇，往往会有一些独特的自然资源，包括风景、生态、农产品等，其客户群体为游客，主要发展旅游业，提供体验式服务，譬如欣赏当地风光、体验当地风土民情、品尝当地正宗的特产。政策性或产业型特色小镇，通常不会有太多的趣味性，因为这类特色小镇就是一个全方位的产业园区，并为其中的员工提供完善的衣、食、住、行服务。

相对而言，国际知名的特色小镇的运营和营利能力更胜一筹。这些特色小镇往往都具有很浓郁的历史气息和人文风情，例如，法国普罗旺斯薰衣草小镇、以香水闻名的法国格拉斯小镇、以制表业闻名的瑞士拉绍德封小镇、四处飘扬着音乐的奥地利萨尔斯堡小镇，其深刻的人文情怀、浓郁的历史气息，难以被其他地方所模仿和超越；而如硅谷、格林尼治这样的小镇，则以创新为导向，将自身打造成为世界级名片。

简而言之，中国特色小镇在历史沉淀和挖掘方面还发展得不够充分，在产业技术方面也不够成熟。不同形式的特色小镇具有不同的优、劣势，自然形成的特色小镇主要靠游客获得收入，在人们可支配收入不断提高的情况下，很多人都选择出门旅行，因此，这类特色小镇的人均收入也会不断提高。在电视台的新闻报道中，我们也常常可以看到，在很多发展旅游业的特色小镇上，居民的生活水平有了质的飞跃。

例如，在特色小镇形成前，某地居民纯手工制作的食材就算是以成本价都很难卖出去，而在形成特色小镇之后，旅游人数大幅增加，这些食材大受欢迎，即便是价格大幅提升也供不应求，后期索性实行每日限量供应，价格高又不愁销路。

当然，出现这种现象也是有原因的。因为有特色，所以前来旅游的人越来越多，而小镇的接待能力有限，这在经济学中叫作供不应求，价格据此上涨完全符合经济学原理。值得注意的是，这需要小镇长期保持"特色"，其释义为一个事物或一种事物显著区别于其他事物的风格和形式，是由事物赖以产生和发展的特定的具体环境因素所决定的，是其所属事物独有的。

<u>所以，特色小镇必须有独特性，而且要无人能够模仿，如果全国到处都在发展农家乐，让大家追"走地鸡"、住民宿，那么所谓的特色便荡然无存。</u>如果这类活动场所越来越多，各地也没有什么差异，那么去往这些地方的游客会越来越少，所以，同类特色小镇的发展需要限量。另外，一旦出现了诸如流感这样的不可抗力，这类靠人流量吃饭的特色小镇会首先遭到重创。

产业型特色小镇也就是产业集群，这类特色小镇的布局要靠政府来认真调研和规划。这类特色小镇往往以科技产业园、产业孵化园为主，集中发展以某一行业为中心的贸易、会议、科研、金融及投资等方面的服务。产业型特色小镇也会对外展示，但展示的角度往往是以"科、教、文、卫"为主，所谓的"科"是指产业科研基地，"教"是指人才培训机构，"文"是指产业成果展示中心，"卫"是指员工医疗中心等机构。

这类小镇能够吸引同行业机构入驻，以此增强整体产业园区的竞争力，有助于带动各个产业的发展。"特色"的含义，更多意味着专一、集中、重点，各个省份都可以开辟此类特色小镇，只要其物流、人才、资金完备即可。只要同类特色产业不过于泛滥，这类特色小镇对中国各产业的发展还是有很大好处的。

值得注意的是，如果某一产业被市场逐渐淘汰，那么这类小镇会受到很大的影响，因为其体量太大难以转型。举个例子，那些我们曾经熟悉的磁带、BP机、VCD机、1.44英寸软盘，其研发和生产厂家大多消失了。一家企业在危急关头都难以转型，更何况一堆企业？因此，某些特色小镇从短期来看，可能是摇钱树，从长期来看，可能是一个定时炸弹。

9 国企改革有远见 绩效考核是关键

国有企业（简称国企）每年为中国经济创造的 GDP 和各种效益，与民营企业（简称民企）和外资企业（简称外企）相比，一直处于遥遥领先的地位。在此情况之下，中国为什么还要反复强调国企改革？

通俗来讲，国企改革的目的，一是提高经营效率，二是规范国企，三是降成本、增利润。虽然从数据上看，国企创造的经济效益能够超过民企，但在真实的较量中，民企能够创造出更多的经济价值。民企之所以看起来不如国企，一部分原因在于其背景及可获得的资源不同。

在此背景下，笔者认为国企应保持一种如履薄冰的态度，而不是选择按部就班地发展。国企必须找到一种能够在自由市场中生存，并且能获得更多经济效益的发展方式。换言之，国企改革的目的是让企业有更强的竞争力，以获得较高的利润，让国有资产实现保值增值。

关于如何系统性地改革，中国一直在实践，也在不停地探索。党的十九大报告提出，国有资本要做强、做优、做大。这标志着国有资产管理体制的改革进入了全面推进的关键时期。近年来，国企的混合所有制改革进行得如火如荼，特别是在能源等重要领域，已经取得了一些成绩，但这些成绩并不值得我们骄傲，毕竟当前的国企改革还处于初级阶段。

与国企和民企都打过交道的企业会有很多别样的感受，同一个项目，与国企进行商谈的周期会长于民企。即国企在一件工作的处理上往往要经过严谨的流程，而民企在流程上要简化得多。因此，国企的办事效率，在一定程度上低于民企。

简政放权是国企改革的一个重点，同时也是一个难点。如果国企领导能够将部分权力下放，让分管领导、部门领导甚至是普通职员在权职范围内可以自主做出项目决定，就可以在一定程度上提高国企的办事效率。想要实现真正的优化，就需要国企在内部进行组织优化：一是通过架构优化将需要审批的流程和人员优化，加快审批速度；二是划分更为精准的工作事项判定层级，根据不同项目的轻重缓急及涉及的资金量大小做出相应授权，减少高层对具体工作的干预。

这种方式说起来简单，一旦付诸实践，又会涉及一系列问题。例如，一旦工作出现问题，对下级工作不知情的领导层可能会承担连带责任，这是简政放权的难点之一。所以，国家要对国企系统的相关管理方式进行同步的优化，否则国企领导依然会在经营中战战兢兢、如履薄冰，不敢进行真正的简政放权。

如果真正实现简政放权，又会涉及另一个难点，即国企系统的绩效考核。国企中往往存在"无过就是功"的风气，这导致在国企中，人们宁可无功也不愿意有过。我们都知道，激励员工不能只是精神上、口头上的激励，但由于国企薪资结构的特殊性，国企并不能轻易通过物质奖励来激励员工，因此员工的工作动力也自然有限。缺少创新精神的企业，自然也不会有源于自身的发展动力。

设置合情合理的绩效考核制度，能够在一定程度上激发员工的工作热情。部分国有上市公司的做法是推行员工持股，以此调动员工的积极性。然而从部分披露的公告来看，很多国有上市公司所谓的员工持股并非是全体员工持股，而是中层领导持股，这依然无法激发全员的创新动力。绩效管理，必须惠及整个国企系统，并且要允许表现优秀的员工的薪资水平超过管理层。

绩效管理还需要治理"无过就是功"的风气，建立"无功就是过"和"允许在一定范围内犯错"的制度。在一定时间内没有为公司做出贡献，或者长期在岗位上没有创新的人员，必须受到一定的惩罚；在创新过往中，只要因出现失误、错误而导致的经济损失在合理范围之内，只要没有连续多次的失误、错误，都应该免于被责罚，以此让员工放心大胆地去创新。只有全体员工都在积极创新，公司才能永葆青春活力，才能实现更好的发展。

国企改革的另一大难点在纪律方面，要大力打击国企中存在的违法乱纪、贪污腐败等行为。国企和民企不同，其内部涉及权利问题，因此，也存在不少以权谋私等导致国有资产流失的恶劣问题。

打击贪污腐败行为，一是需要监管部门不断派出巡视组于各国企系统进行认真检查，主动寻找可能存在的违法乱纪、贪污腐败的问题；二是要鼓励人民群众和企业员工对存在不法行为的个人、组织进行监督和举报，国家实施举报人保护及奖励制度，提升全员对贪污腐败行为的举报意识。

事实上，国企改革存在的重点和难点难以在篇幅较短的文章里进行全面描述和剖析。总体而言，国企改革的重点和难点在于，国企改革之后的运营权由谁来管理？国企系统内部的关系该如何处理？国企系统的职能又该如何转变？解决方式其实很简单，三个字：市场化。

第2章

浪成于微澜之间
创新才有新机遇

1 "双创"犹如通二脉 令畅人和促发展

2015年，是"大众创业，万众创新"（简称"双创"）元年，"双创"经过这几年的快速发展，取得了显著的成效。现阶段，中国正处于传统经济增长模式难以为继、新兴产业尚未完全形成规模的"尴尬"阶段，如何寻找新的经济增长点，实现中国经济的转型升级已经成为当务之急。

当前，在中国"双创"群体不断壮大和产业快速发展的同时，出现了"双创"支撑体系建设滞后、创新模式严重趋同等一系列问题。唯有尽快突破这些"瓶颈"，才能推动"双创"朝着更大范围、更高层次的方向发展。整体而言，企业税费负担依然较重、知识产权保护存在薄弱环节、金融支持略显不到位、社会信用体系建设相对滞后等问题，仍旧是制约"双创"发展的"瓶颈"。

冰冻三尺非一日之寒。要想尽快打通"双创"的各种"梗阻"，必须进行相关体制机制的改革，以推动政府职能的不断转变。只有这样，才能够激发出全社会的创业创新活力，促进新经济稳步发展，并推动生产力水平的不断提升，催生更多新技术和新业态。

不论何时，良好的创业创新生态环境，都是助力产业发展及科技创新的不竭动力。系统性优化创业创新生态环境，其着力点一定是在完善市场体制机制和转变政府职能、简政放权两个方面。在完善市场体制机制方面，要充分发挥市场在资源配置中的决定性作用，让市场而不是市长来选择创业创新的方向，同时厘清政府和市场之间的边界，减少政府的无形之手对市场的频频干预。在转变政府职能、简政放权方面，要规范行政审批行为、简化企业登记注销流程、减少审批流程及缩短审批时间等，为创业创新者提供市场准入便利。

据笔者了解，虽然新注册企业的办证时间缩短了，最快两天即可完成，但是注销公司却如跑"马拉松"一样，不仅需准备几十个文件，整个流程也非常耗时。由于注册容易、注销难，不少公司法人便找代理公司去办理，这些现象都在无形之中遮蔽了"双创"的"光芒"。

一个理想的创业创新生态环境，必然是围绕简政放权、营造公平竞争环境等展开的，以激发全民创业创新的热情与活力。要想为"双创"提供持久动力，优化创业创新环境无疑是关键。

"双创"是社会生产力的又一次伟大解放。在中国经济进入新常态的背景下，只有进一步加快实施创新驱动发展战略，在更大范围、更高层次、更深程度上推进"双创","双创"才会具有更大的意义。2017年，国务院印发《关于强化实施创新驱动发展战略进一步推进大众创业万众创新深入发展的意见》(简称《意见》)，该《意见》不但进一步增强创业创新的发展实效、促进了经济持续健康发展，而且还有助于各种要素更加公平、自由、快捷地有效配置，实现经济增长的目标。

"双创"之所以能够取得一系列成就，和政策的支持有着极大的关系。简政放权就是一大动力，不仅降低了创业门槛，还为创业者开辟了各种通道，相关政策也在资金、税收等方面提供了大量支持，能够让越来越多的创业者参与到创新、创造和创业中去。

也就是说，政策支持是经济发展的催化剂。如今，中国依然在为经济的发展不断优化、调整和出台有利于国计民生、产业进步的政策，这将持续助力产业发展、产品创新和进出口贸易。

2 百技学成一技新 增材制造有亮点

增材制造（俗称 3D 打印）在当前被认为是极具发展前景的智能制造技术，也被人们认为是配合"工业 4.0"发展的重要智能制造技术。在此背景下，中国 3D 打印关键技术在近年来取得了一系列进展。3D 打印的应用领域有所拓宽，普及程度有所提高，生态体系初步形成。

当前，世界各国纷纷将 3D 打印作为未来产业发展的新增长点。在技术水平的不断提升下，3D 打印已从一般消费品制造，拓宽到航空航天、核工业、医疗器械等高端装备研发制造领域中，成为"中国制造 2025"的发展重点。此前，《增材制造产业发展行动计划（2017—2020 年）》（简称《行动计划》）的出台也体现了中国对 3D 打印的重视。

可以预计的是，3D 打印未来将成为产业发展的新增长点，出台相应的计划有助于引导 3D 打印产业走上稳健、快速发展的道路。该《行动计划》旨在通过政策支持、技术规范、政府引导等方式，推动中国成为 3D 打印强国。

例如，在《行动计划》目标中提到，"突破 100 种以上重点行业应用急需的工艺装备、核心器件及专用材料""开展 100 个以上应用范围较广、实施效果显著的试点示范项目"。这两个"100"的提及意味着中国在 3D 打印上的技术能力需要大幅提升，还要通过积极的方式将 3D 打印产业应用在其他普及性或应用性较广的产业中。如果能够实现这两个"100"，意味着中国不仅会拥有具有自主知识产权的 3D 打印技术，还能够将该技术充分商业化，实现一举多赢。

近年来，3D 打印已在中国多个城市迅速萌芽。中国现已涌现出众多和 3D 打印相关的机构，但不排除有些机构所宣传的 3D 打印只是一个噱头。3D 打印听起来简单，制造过程看起来也很有趣，背后的科技含量却不容小觑。官方文件中提到，与发达国家相比，中国 3D 打印产业尚存在关键技术滞后、创新能力不足、高端装备及零部件质量可靠性有待提升，以及应用广度深度有待提高等问题。

3D 打印使用材料的方式和传统制造业有所不同，不仅其生产设备与传统设备有差异，连生产材料也与普通材料有一定的区别。从目前的情况来看，设备和材料是导致中国 3D 打印产业暂时处于落后地位的重要因素。

在当前的 3D 打印产业中，虽然中国众多科研机构、科技型企业在研发中获得了多项技术专利，但在关键零部件的研发上还暂时处于落后地位。突破这一"瓶颈"不仅有望提升3D打印产业发展速度和拓展普及范围，还将从国际市场中获得一些份额，更为重要的是，可以有效降低3D打印设备的价格，以此推动3D打印在中国的商业化。

3D打印所需的生产材料也是一个"瓶颈"，因为3D打印的特殊性，通过3D打印生产出的产品可能会被应用于特殊设备之中，这就需要产品与特殊设备的材料相互匹配。这不仅对材料有较高的要求，还要求3D打印技术只有与各行业相互融合，才能在现阶段发挥最大效应。

3D打印发展的关键和众多产业一样，在于人才。因此，要在2020年实现技术水平的明显提高，首先要培养出一大批专业人才。

由于时间非常紧迫，人才的培养不能遵从传统的教育模式。在国内，可先通过产、学、研协同培育的模式培养专业人才，通过设置配套的专业实验室为人才培养创建合适的环境；各高校需要积极协同，设计相关的课程并组建经验丰富的师资队伍，以保证后期的专业人才供应。

在国际上，需要提高吸引高层次专业人才的参与力度，同时积极协助培养国际化人才。例如，国内的企业可以在海外通过收购、并购或投资的方式引进相关人才，也可以在成熟的国际市场中建立研究中心，积极借鉴和学习成熟的产业经验。

另外，还要欢迎国际企业、研究机构走进来，在符合中国相关政策的情况下在国内建立科研中心，或者与国内相关企业及机构进行合作交流，以此实现互利共惠、共赢。

在进行人才培养的同时，还需要营造有助于3D打印产业研发的环境。除了创建专业的研究所、实验室等机构，还需要建立人才激励机制，以保证专业人才没有后顾之忧，更好地投入科研工作中。

3 应运而生区块链 技新自可开宗派

区块链技术是分布式数据存储、点对点传输、共识机制、加密算法等计算机技术的新型应用模式，能够有效解决去中心化和人与人的信任问题。区块链的建设和运用，能够很好地助力农业产业发展、营商环境建设等各个领域，会让城市变得更美好。当前，中国对区块链是持支持和鼓励态度的，特别是在制度建设、技术研发方面投入了大量的资源，将来势必会产生积极而广泛的影响——区块链会更加普及，有可能会成为又一个"互联网+"。

总体来看，目前区块链尚处于探索和研究阶段，距离其被广泛应用仍有一段距离。但就目前而言，农业领域之所以是最早应用区块链的领域，在很大程度上与其可追溯性和供应链有关，应用区块链的目的在于最大限度地消除信息不对称，提高整个产业链的信息透明度和及时反应能力，从而实现整个产业的价值增值，让这个地球上最古老的产业迎来新的变革。

一般来说，由于农产品生产地和消费地距离较远，消费者对生产者使用的化肥、农药和农产品在运输和加工过程中使用的各类添加剂等信息根本无从了解，因此，消费者对农产品的信任度较低。基于区块链的农产品追溯系统，所有的数据一旦被记录到区块链账本上将不能被改动，依靠不对称加密和数学算法的先进技术从根本上消除了人为因素的影响，使得信息更加透明，消费者的满意度大幅提升。

除了农业，金融业也会率先在区块链领域崭露头角，收获第一波制度红利。从目前来看，区块链会在金融（银行）业率先实现价值。因为区块链基本实现了银行业的所有核心功能，即"价值"的安全储存和中心转移。预计在未来的几年内，一些基于区块链的公司将深刻地影响整个金融业的发展。判断的依据是，全球主要金融机构在区块链领域的布局中表现得异常积极，摩根大通、花旗集团、高盛集团、纳斯达克等金融巨头，都表达了对区块链的"热衷"。

当前全球大多数的区块链创业者，瞄准的几乎都是金融业的相关应用，较为成熟的有跨境汇款、支付、众筹、数字资产交易等。据清晖智库粗略统计，全球每年的小额跨境汇款，仅手续费就要花费200多亿美元，若用区块链解决方案代替，这笔费用几乎可以省去。

除了农业和金融业，我们还可以借助区块链等新兴技术优化营商环境，即通过区块链去中心化的特征，将物流、金融、贸易及监管等众多参与方平等地整合在一起，以此来解决"信息孤岛"的问题，实现信息互联互通和数据互信互换，搭建一个充满活力、高效运转的营商环境。更重要的是，区块链作为一项颠覆性技术，亦在与实体经济产业深度融合，助力解决中小企业融资难等一系列问题。

区块链的应用场景很广泛，以出版业的版权保护为例，以往发现侵权行为，往往需要通过办理版权证明去维权，时间成本很高。有了去中心化存储的区块链技术之后，没有任何一家机构可以任意篡改相关版权数据，申请人只需将版权信息加密后上传至区块链，就可以获得唯一的区块链 ID。通俗来讲，相当于拥有了一张电子版权身份证，此举完美地解决了版权保护的痛点。

与此同时，值得注意的是，当前的区块链热潮让上市公司也坐不住了，许多打着区块链旗号的上市公司开始频频蹭热点。对于上市公司纷纷涉足区块链，笔者认为，作为一项有发展前景的新技术，区块链的中长期发展值得关注，但是部分公司为了推高股价而蹭热点则值得监管机构和投资者警惕。毕竟，目前大多数公司并没有真正实现与区块链有关的收入，如果盲目炒作，最终或会是一地鸡毛。要想正确引导区块链的发展，监管机构对区块链（应用）的监管还需进一步加强。

4 新能源车求发展 零排法案可借鉴

近年来，关于传统能源车将成为历史的讨论越来越激烈。在一些发达国家已公布传统能源车停产停售时间表的背景下，中国也宣布启动相关研究，此举引发了全球汽车业界的震动。2017年9月，工业和信息化部副部长辛国斌公开表示，全球汽车产业正加速向智能化、电动化方向转变，为抢占新一轮制高点，把握产业发展趋势和机遇，中国已启动传统能源车停产停售时间表研究。中国官方的这一表态立即引起世界各国媒体和汽车业界密切而广泛的关注。试想，如果中国这一全球最大的汽车市场都拒绝燃油车，整个汽车产业可能将因此而发生巨变。

禁售燃油车，不仅仅是因为环保问题，更是因为经济问题。对一些经济较为发达的国家而言，大量的石油资源被一些欠发达国家所控制，这不但是个心头大患，而且还直接影响了整个国家的综合生产力，因此，

禁售燃油车势在必行。据清晖智库统计，截至 2019 年上半年，中国机动车保有量达 3.4 亿辆，其中汽车为 2.5 亿辆。在中国机动车保有量保持较快增速的背景下，日消费原油量直线攀升，即使"家底"再厚也经不起数量和时间的双重考验。

在新能源汽车的布局方面，中国虽然起步较早，占尽先机，但并不意味着便能因此一直领先。保持如临深渊的状态，有助于赢得更多追赶和超越欧美发达国家的机会，以期把中国的新能源汽车产业做大、做强。

相对而言，在促进新能源汽车发展的问题上，欧美国家的一些做法更为激进。早在 2008 年，美国加利福尼亚州便敲定了零排放车辆（Zero Emission Vehicle，ZEV）法案。ZEV 法案为每种车制定了积分系数，规定了与销量挂钩的积分基准。该法案明确规定，在该州汽车销量超过一定数量的企业，其生产的零排放车辆数量要达到一定的比例。若达不到要求，须向美国加利福尼亚州空气资源委员会（California Air Resources Board，CARB）缴纳每辆车 5000 美元的罚款，或向其他公司购买积分。因此，可以看到，在过去几年，特斯拉通过售卖积分盈利颇丰，碳排放竟成为它的收益的最大"功臣"，而通用汽车则成为购买积分的大户。

以上这些并不是全部的措施。为使空气质量得到改善，以及减少人们对燃油的需求，加利福尼亚州进一步对 ZEV 法案做出了调整。从 2018 年起，ZEV 法案变得更加严苛，混合动力汽车不再列入环保车行列，也不再获得任何积分，零排放车辆数占车企总销量的比例的要求也明显提高。需要指出的是，加利福尼亚州还将进一步收紧碳排放积分交易政策，可进行积分交易的车型和数量都将受到严格限制。也就是说，未来车企不能再通过大量购买所谓的积分而侥幸合规，它们必须生产和销售更多真正的零排放汽车。

与此同时，从 2018 年开始，ZEV 法案将约束对象范围从在美国加利福尼亚州具备一定生产规模的大型汽车制造商，扩大到了大部分车企，即由克莱斯勒、福特、通用等七大主要汽车制造商，扩大到了富士重工、宝马、戴姆勒等。此外，美国加利福尼亚州为鼓励消费者购买电动汽车出台了许多措施，并不断加快零排放车辆的基础设施建设，如专用车道和充电站等。美国加利福尼亚州这种全面改变消费者购车和驾驶习惯的举措，值得中国借鉴和学习。

美国已经有多个州选择照搬加利福尼亚州的 ZEV 法案，从而形成了一个巨大的群体，即美国"零排放汽车联盟"。可以预料的是，"加利福尼亚州模式"将会被越来越多的地方采用，不单单是美国其他州，还会有全球其他国家和地区。

近年来，荷兰、挪威、德国等国都发出了禁售燃油车而力推零排放汽车的明确信号。世界各国政府对于新能源汽车的支持，都是出于对环境和能源问题的终极考虑。

总而言之，内燃机作为交通工具动力来源的历史使命将逐步被终结，这是当前新一轮产业变革和技术革命所带来的必然结果。随着科学技术的不断进步，以及物联网、大数据和自动驾驶技术的日新月异，汽车将不再只是单纯的交通工具，而是转变为具有载人功能的大型智能移动终端设施。

  以新能源汽车替代燃油汽车已经是世界各国的普遍共识，虽然在替换过程中会面临诸多挑战，但随着技术水平的不断提高，新能源汽车的未来前景将十分广阔，也将获得越来越多的消费者的认可和喜爱。

5 现金无踪是表象 安全良性做基床

从此前中国各大商业银行的银行卡之争，到近年腾讯和阿里巴巴的手机支付之争，时间也不过数十年。现代技术的升级换代让越来越多的人进入了无现金社会，这其中既有利也有弊，但利弊孰轻孰重暂时无法判断。从物物交换到现金交易，再到无现金交易，货币的"携带"越来越方便，货币的技术门槛也越来越高。

在POS机上刷银行卡也好，用二维码扫描的手机支付也好，对消费者而言，这些都不需要使用现金。轻而易举的消费行为，原理看似简单，却需要投入大量的技术，腾讯和阿里巴巴为此做了非常多的努力和尝试，不断通过诱导、指引等方式引导人们开始习惯于在手机、平板电脑等终端设备上进行支付，这也让一部分人"扫"进了互联网的无现金时代。

对于腾讯和阿里巴巴这两大互联网巨头而言，手机支付并不是它们的最终目标，而是一种引流工具，它们希望通过这个工具吸引更多的用户使用其接口，以扩大产品使用人群。就好比不少大型互联网公司都进入大健康、教育、金融等产业，其目的是创造更多留住用户的机会。

不过，从两家公司当前的竞争方式来看，这种竞争并不利于无现金交易市场在中国的发展。虽然两家公司都在想方设法"招兵买马"，以提升自身在该业务上的实力，为用户创造更好的消费体验，但因两家公司的互相"不友好"所造成的不良影响，未来会慢慢转嫁至消费者身上。

简单来说，银行为了发展银行卡业务，完全可以实施禁止跨行转账的规定，这也就要求汇款人和收款人必须都在同一家银行开设银行卡，如此一来，各家银行的用户都能够增加。但在现实中，没有一家银行会这么做，各家银行都想尽办法来为用户提供优质的服务。如近年来各大银行实行手机 App 跨行转账免手续费，就是一次提升服务的有效尝试。再如网点的热情接待、手机 App 的交互优化、网银的不断升级，做得越好、越有特色的银行越会在激烈的竞争中占有优势。

连已经相对落后的银行卡业务都实现了良性竞争，让客户自主选择银行卡。通过各种方法让用户不得不安装各种独立 App，App 的互联网巨头——腾讯和阿里巴巴却依然采用这种虽然落后却能够防止客户流失的竞争方式。既然当前这两家公司已经互不相让，那么在未来出现新型支付方式的时候，自然会出现"群雄割据"的局面。不过，出现竞争也在情理之中，毕竟最简单的竞争方法就是挤掉竞争对手，让自己更有优势。

另外，手机支付的安全性也开始被越来越多的用户所担心。即便手机支付技术的研发公司能够在技术和安全方面严格把关，但手持终端设备被曝光出的各种安全隐患已经让人们有了一种互联网时代下的恐惧情绪。近年来，央视"3·15"晚会已经向人们曝光了多种不安全的 App、不安全的无线局域网（Wireless Fidelity，Wi-Fi）和不安全的免费充电方式，储存了用户大量信息的终端设备也将成为人们信息、财产等方面的安全隐患。

如果我们真的想迈进无现金社会，一方面需要提供互联网支付技术的单位要在货币和信息技术（Information Technology，IT）方面的经验丰富、技术过硬；另一方面需要通过多方协助来创建高度安全的网络环境，防止个人信息被窃取。如果无法保证网络交易环境的安全，网络交易就如同我们在被安装了信息窃取工具的 POS 机上刷银行卡一样，无论多么谨慎，都会被不法分子复制银行卡信息、盗取密码。在这样不安全的环境下，人们宁可用现金。

实际上，无论是腾讯还是阿里巴巴，它们所推出的支付方式在严格意义上并非真正的电子支付，而是将用户的资金放至庞大的资金池中，只要客户没有进行存入和提取，所有的交易实际上都只是用户终端显示器上数字的变化，而其资金池中的货币总量不会发生改变。

央行作为唯一的货币发行机构，是国家经济安全的"基础"，其他机构只能被称为货币互联网化的"搬运工"，而非货币的"创造者"。因此，当前的互联网企业仅仅是对无现金社会起到推动作用，在央行真正发行数字货币之前，我们还难以进入真实的无现金社会。

6 数字驱动迎创新 传统产业忙转型

清晖智库统计数据显示，中国 2018 年数字经济规模突破 31 万亿元，预计在 2035 年达到 150 万亿元，占 GDP 比重将突破 55%，数字经济将成为中国各产业未来一段时间内发展的重要方向。国家之所以要普及数字经济，是希望数字经济可以提高工作效率，将许多本来烦琐的工作变得简单，以此为社会创造更多的价值和财富。

数字经济看起来让我们的生活变得简单，是因为在数字经济背景下，许多分析、决策、落实等方面的工作将由计算机进行，这些庞大的计算量是任何人都无法在短时间内完成的。因为数字经济在各行各业的应用不同，所以有些行业的数字经济相对完善，有些则处于萌芽阶段，笔者认为，是硬件即实体产业的配套不同导致了这种差异。

例如，网络购物步入成熟期，是因为物流这一实体产业的成熟，而物流的成熟又在于公路、铁路、航空等交通设施的持续完善和升级，使得交通工具能快速翻山越岭甚至穿越到地球的另一端。人们享受到的网络购物的便捷，不只是互联网的便捷，更多的还是物流及相关实体配套的便捷。若没有相关配套，人们通过网络购买的产品需要十天甚至更长时间才能到达手中，在这种情况下，再方便、再人性化、再场景化的网络购物平台，都难以吸引消费者。

又如，在线视频、网络营销等已经被数字经济推入成熟期的行业中，其所涉及的实体行业相对较少，相关产业链更容易被覆盖。像"工业4.0"、新零售等行业，供应链多、环节繁杂、涉及大量细分及垂直行业，能够为其省时省力的相关实体配套还不完善，相关技术也还达不到要求。笔者认为，这些产业数字经济从萌芽阶段发展至成熟阶段，有三个关键点需要注意：一是需要研究通过哪些数字化模式对其进行优化升级；二是需要继续花费人力物力进行研发；三是需要耐心等待。数字经济的均衡发展就现阶段而言是不可能的事，从经济发展的角度来看，哪些行业的产值及创造的隐性利润更大，数字经济未来的成熟度就会更高。

融合发展并不难，只要技术完备、资金足够，以及相关产业愿意接纳数字经济。但发展的观点落在纸张上很简单，实际运营起来却非常复杂。常见的设备有服务器、交换机、机房等一系列硬件设备，以及防火墙、主程序、界面系统等大量软件设备，需要大量精通数字经济的复合型人才，才能将这两种设备组装在一起，并通过反复测试，确认可行后，才能使得数字经济在这一环节中发挥作用。将这一环节放大至整个产业体系中，是一项庞大的工程。

因此，推动制造业转型升级，需要逐步、逐个实施，而不是广撒网。先在规模大、生产流程烦琐的企业进行尝试，待确认转型经验成熟后，便可向相关企业和环节实施推广，等到整体成本降低之后，再逐步向中等规模企业推广，继而再向小微企业推广，最终实现制造业在数字经济时代的一次转型升级。

腾讯研究院及原工业和信息化部电子科学技术情报研究所联合发布的《数字白皮书》指出，数字经济中的"数字"根据数字化程度的不同，可以分为信息数字化、业务数字化、数字转型三个阶段。其中，数字转型是数字化发展的新阶段，指数字化不仅能扩展新的经济发展空间，促进经济可持续发展，而且能推动传统产业转型升级，促进整个社会转型发展。

站在企业发展的立场上，数字转型的难点有四个：第一是成本，第二是安全，第三是共享，第四是人才，这四个难点在当前不易协调。

例如，在成本方面。要让一家企业愿意进行数字转型，就要让这家企业发现数字转型的好处，对于一些规模不大的企业而言，进行数字转型的经济代价是巨大的，在转型过程中的资金支出极有可能压垮这家企业，既然如此，又何必转型？

实现便捷的数字经济，对企业而言要付出更多的成本，这些成本还包括安全成本和相关人力成本；在保证安全的同时，企业又需要做到共享信息，但是共享信息至其他平台又容易导致安全问题的产生。另外，即便数字化真实现了产品高产、高质量，一旦出现供过于求的情况，产品滞销、价格下跌、库存积压、隐性成本增加又成了新的问题。虽然数字经济是未来趋势，转型更是趋势，可是在中国当前市场环境下，进行数字转型究竟是利大于弊还是弊大于利，是选择全面转型还是有条件的转型，还需要我们深入探讨研究。

微企成长事关重 精准扶持大不同

近年来，全国各地发力加码中小企业支持政策，其中，创新其融资渠道、提升专业化能力和水平正成为新一轮施策重点。例如，广东省2019年10月发布了新修订的《广东省促进中小企业发展条例》，突出强调了"融资促进""权益保护"等内容。湖南省提出对国家级"专、精、特、新""小巨人"企业一次性给予最高不超过50万元的奖励。山西省明确将充分利用"互联网＋"方式促进中小企业提升专业化能力和水平。笔者认为，中小企业是国民经济的生力军，促进中小企业发展是稳增长、稳就业乃至稳定社会发展大局的关键。在当前经济和政策环境下，中小企业发展面临着困境与机遇，中小企业亟须寻找到未来发展的突破点。

国家统计局数据显示，2019年9月，中国制造业采购经理指数（Project Management Institute，PMI）为49.8%，比8月提高了0.3个百分点；

从企业规模看，大型企业 PMI 为 50.8%，比 8 月提高 0.4 个百分点；中、小型企业 PMI 为 48.6% 和 48.8%，分别提高 0.4 和 0.2 个百分点，仍处于荣枯线以下，这预示着中小企业的发展遇到一些困境。

当前，在外部不确定因素持续增加的背景下，中小企业的发展困境似乎越来越多，但与此同时也面临着难得的历史机遇，特别是区块链、人工智能和大数据技术浪潮，把很多中小企业推到了发展的风口。总体而言，当前中小企业发展的机遇大于挑战，一批相当具有核心竞争力的中小企业一直活跃在国际市场上，并没有受到外贸环境变化的影响。

对一部分中国中小企业而言，未来只有走自主创新之路，专注于前沿技术的研发与量产，才能够提高自身在国际市场上的话语权，在面对激烈的国际竞争时做到游刃有余。笔者建议中国中小企业未来朝着两个方向去努力：一方面通过自主创新、多元化发展等方式寻找新的机遇，另一方面，深耕于"一带一路"市场，在国际上持续保持核心竞争力。

在当前形势下，中小企业融资难一直备受各界关注。为促进中小企业融资，从中央到地方都制定了支持政策，但是从市场反馈来看，中小企业融资渠道仍不够通畅。由于相应的配套措施不完善，针对中小企业融资推出的支持政策，在实施过程中仍然面临一系列难题。笔者认为，最大的难题是中小企业信用数据缺失度较高，无形中造成银行风控难度大、成本高的问题，从而导致银行对于中小企业贷款愈发谨慎，积极性不高。此外，银行等金融机构的业务效率不够高，亦是制约中小企业融资的关键因素之一。当前，相当一部分中国中小企业对流动性贷款需求巨大，亟须通过融资"解渴"。

未来，建议政府部门将企业政务数据尽快打通，并借助区块链等新兴技术实现中小企业信用的记录和传递，以解决中小企业的信用问题，使普惠金融成为一种可能。与此同时，银行等金融机构的审核放款效率应进一步提高，以更好地满足中小企业的流动性贷款需求。除此之外，笔者还观察到，一些地方政府正在通过积极引导中小企业走"专、精、特、新"发展道路，全面扶持当地中小企业。例如，2019年9月完成修订的《广东省促进中小企业发展条例》提出，县级以上人民政府及其有关部门应当鼓励中小企业开展技术、产品、质量、管理模式、商业模式创新，引导中小企业向专业化、精细化、特色化、新颖化发展。

笔者认为，推动中小型制造企业向"专、精、特、新"企业转型升级的关键点，除了对"专、精、特、新"中小型制造企业给予"真金白银"的支持，还非常有必要设立一定规模的"专、精、特、新"发展基金，重点投向"专、精、特、新"中小型制造企业。同时加大力度，为中小型制造企业打通更多的融资渠道，并支持部分优质中小型制造企业在国内外资本市场挂牌上市，以资本的力量推动其向"专、精、特、新"方向转型升级。对政府而言，除了给予"真金白银"的支持和提供优质的服务，还要尽量管住自己的"有形之手"，让市场在资源配置中起决定性作用。

与此同时，中小型制造企业还应紧紧抓住"第四次工业革命"和新兴科技的浪潮，进一步加强自主创新能力。为什么有些中国高新技术企业的产品能够傲视国际市场？原因就在于这些企业拥有核心技术，其自主研发的产品的性能已经达到或超越国外进口产品的性能，形成了完全自主的品牌体系。相反，国内那些以来料加工、组装和零部件制造为主的低附加值型中小企业，由于处于全球价值链的最低端，在外贸环境变化的情况下，不可避免会面临较大的挑战。

8 供需不同价不同 "地王"也难统江湖

当很多人都认为四大一线城市房价涨势趋缓、已经触顶的时候，一个又一个"地王"横空出世，再度抬高了周边地产价格。频繁出现的"地王"加大了人们的购房压力，这对大部分未购房的老百姓而言不是一个好消息。因此，在这种趋势下，不少网民的反应是"尽管涨吧，最好涨到一亿元一平方米，谁都买不起，看房企怎么活下去"。

很多人之所以看空房价，是因为相信"没有只涨不跌的市场，也没有只跌不涨的市场"，因此，每当房价疯狂上涨或是"地王"频出的情况发生时，就会有人指出这是"房市最后的疯狂"或是"回光返照"，不断告诫人们"不要买房"。

只涨不跌实际上只是相对而言的。以消费者物价指数（Consumer Price Index，CPI）为例，在国家统计局公布的 CPI 数据中，有数年的数据呈负增长趋势,但这并没有影响 CPI 的整体增长。房价的下跌也是如此,从整体来看,我们看不到一线城市房价下跌,实际上短期是出现过幅度不大的回调的,但常会被人们忽略。

在人们眼中,"地王"是一种豪赌,成为"地王"的企业所支付的均价每平方米数万元的土地价格,意味着当新房建设好之后,房价将拉升至均价每平方米十万元以上。很多人会对此感到疑惑,这么贵的房价,又有多少人买得起?房地产尤其是一线城市的房地产,是一种特殊的商品,其既能使用也能保值增值,在作为生活必需品的同时又是市场不可替代品。再者,在当前情况下,"工薪族"不吃不喝攒钱也很难负担得起高价房。所以,房子已经成为一个阶层的象征。

有数据显示,由于过去几年土地供应量持续紧缩,土地已经成为稀缺资源,在本已经是供不应求的背景下释放出了供应量减少的信号。2014 年和 2015 年,全国土地购置面积分别下降 14% 和 31.7%,加之重点城市的土地供应量更为紧缩,一线城市"地王"频现也在预料之中。在土地供应量持续收紧的情况下,一线城市再度出现"地王"是必然的。

与供应量紧张的一线城市相比,我国大部分三四线城市的房地产行业依然处于供过于求的状态,甚至有些二线城市的房价也处于停滞状态。以湖南为例,不少湖南房企认为湖南与广东相邻,交通便利,又考虑大量湖南人在深圳打工,纷纷在深圳打出了诸如"返湘置业"之类的广告,其目的是希望在深圳打工的湖南人用在深圳赚到的钱,回湖南购买数千元一平方米的房产，可效果却不尽如人意。

出现这种情况有多种原因，笔者在这里简述两点。一是因为湖南的房地产市场缺乏吸引力，为置业者所带来的投资回报相对较低；二是湖南的平均工资水平低于一线城市和其他重点城市，而劳动力尤其是青年劳动力更倾向于流向高薪酬区域。相反，高薪酬区域会给人们带来包括房地产实现增值在内的各种机会，这也是一线城市房价高、"地王"频出的原因之一。

一线城市"地王"不断产生对当地房地产有利，但对宏观经济而言是一个不太好的信号。就人们的直接感受而言，会在一定程度上对民营经济产生负面作用。毕竟，不断上涨的用地成本对"双创"企业而言是较大的支出，这一庞大的固定支出会影响民营企业发展的积极性。同样，住房负担加重会增加外来工作人员的压力，极有可能导致人才外流。从宏观经济来看，"地王"成为常态很可能导致金融系统的风险加剧，一旦危机出现，各种问题将如多米诺骨牌被推倒一样接踵而至。

想要解决"地王"频出的问题，需要从三方面入手，即要解决土地供应量、金融杠杆和财税方面的问题。在土地供应量方面，如何合理增加土地供应量及如何避免拍卖推动地价上涨的情况，是需要解决的问题，这就需要国家出台相应政策，以及各地根据不同需求推行精准的应对策略。在金融杠杆方面，需要建立各类房地产投资基金，提高直接融资的比例。在财税方面，就是要完善房地产相关税费的改革。

当然，还可以用其他的间接方式给一线城市的"地王"降温，例如，在中西部省市引导建立新的高薪酬区域，吸引更多劳动力、高新技术企业进入。在这种背景下，房地产企业也将会部分转移到新的城市中，当前一线城市的房价可能会在经历一些回落后达到稳定水平。不过，在中国中西部城市发展未能取得实质性进展之前，或者说在其他城市尚未取代如今四大一线城市的各种"中心"地位之前，一线城市的"地王"现象还将不断产生。

9 上市与否各有因 听言不如探内心

企业想上市，会有足够的理由；企业不想上市，也会有足够的理由。至于真实的理由，各家企业的管理者也是心知肚明的。缺钱也好、圈钱也好、提升企业知名度也好、其他董事和股东强求也好，对普通人而言，看看就好。

有上市能力却声称拒绝上市的企业有如下四种可能。第一种可能，企业在当时并不缺钱，不缺钱也就没有融资的需求，没有融资的需求也就没有必要将自己手中的股份分发给企业外不相干的人，利润也不会流失。第二种可能，企业缺钱，但是企业决策层认为缺钱是暂时的，后期有信心赚更多的钱以撑过这段难熬的阶段。第三种可能，企业有自身的债权或抵押借贷等融资渠道，例如，一些大型企业会有非常好的银行贷款渠道，在需要融资的时候能获得较为可观的银行贷款，只要在贷款到期时连本带利偿还即可。第四种可能，企业有一定的股权融资渠道，也就是我们常说的获得 A 轮、B 轮、C 轮等融资。这种融资的风险比较大，各式各样的对赌条款会让企业管理者手中的股权慢慢流入投资者的手中，融资次数越多，企业所持股权就会越少，回购难度也就越大。

这些企业在上述四种情况下认为自己没有上市的需求，这至少又和三方面相关。第一，该企业的管理者的阅历还比较少，只满足于企业当时的状态，缺少对企业未来发展的明确规划；第二，该企业的管理者对当前的行业环境的危机意识不足，认为自己当前的资金实力足以应对各种困难；第三，该企业的管理者认为不上市是一种对企业和员工负责的态度。

例如，曾经表态不会上市的顺丰已于 2017 年 2 月 24 日上市。王卫在多年前说的话已经显得有些久远。在这几年里，顺丰在不断改变、不断探索转型、不断经历着快递行业的喜与忧。顺丰壮大了不少，业务增加了不少，经营压力更是增大了不少，必然也会面对绝大多数企业都要面对的问题，即人手不够、技术不够、设备不够、资源不够，这些问题最简单、粗暴的解决方法就是——上市。

即便王卫后来解释了顺丰从绝不上市到上市的原因，我们依旧无法探究其内心真正的想法，更无法得知这究竟是出于和投资方的协议还是公司其他高管的要求，但我们至少能够知道一点，就是顺丰这家公司，可能是缺钱了。

中国还有好几家坚持拒绝上市的公司，称"50年内不上市"的华为就是一大代表，当然这仅仅是一种设想。拒绝上市的老干妈获得了不少食客的称赞，可是创始人陶华碧已经退出了其在老干妈中的股份，那么在其他人手中的老干妈会不会上市也是个未知数。

对于很多尚未具备规模的发展型公司而言，它们的目标就是登陆资本市场，无论是新三板还是创业板，只要公司最终能够挂牌交易，它们就会认为这是市场对公司发展的一种认可。资本市场的建立是为了让企业更好地从社会资本中融资，但也只有业绩优秀、盈利能力强、能够持续发展的公司才能正大光明地站在这个市场中。

公司上市的理由都是融资，只不过不同的公司融资理由不同。虽然都是缺钱，但有些公司是为了扩大市场规模，向更强、更大发展而融资；有些公司则是在按部就班的运作中，因为各种原因使现金流出现了问题，于是寻求融资；还有些令人憎恶的公司则是找个缺钱的理由，通过融资来圈钱。相比之下，为寻求发展而上市的公司更能获得市场的青睐。但A股市场中有不少公司上市的真正原因，只是缺钱，而非为了发展，这种做法自然会被外界指责，这也成为一些企业不敢上市、担心被诟病的原因。

说到底，资本都是逐利的，创业者创业也都是为了实现人生价值和创造财富，如果以一些冠冕堂皇的理由不愿意让公司登陆资本市场，这种行为明显是不牢靠的，因为这些创始人、合伙人拿到的钱和分到的利润，至少在他们拒绝上市的时候，是非常丰厚的。当他们的薪酬受到挑战、获得收益的机会成本越来越高、收入面临新的危机之时，没准就会立即启动早就准备好多年的上市预案。所以记住一点，很多公司老板所说的话，可能并不可靠。

第 3 章

长风破浪会有时
巧转新思可攻山

1 付费阅读如束脩，鼓励原创有讲究

付费阅读并不是什么新鲜事，早在人们讨论微信公众平台的文章是否会推出付费阅读的时候，已有网站采用了这一策略，并取得了相当不错的效果。就知识产权保护而言，自媒体平台推出付费阅读是互联网时代的一大进步，有助于未来产生更多的高质量内容。

其实，在互联网普及前期，人们就已经处于"内容付费"时代。例如，为了了解新闻，大部分人都会自愿花钱买报纸；为了欣赏一些故事、散文，很多人都会自愿订阅各种期刊；为了学习各种知识，人们会选择购买相应的书籍。

如今，各种各样的内容都呈现在网络上，而报纸开创了这方面的先河。报纸每天一大早就在报刊亭中待售，各大报社会将电子版同步放到报社的网站上，而且绝大多数自媒体还会免费推出这些内容，这种线下

收费、线上免费的方式在一定程度上让人们在互联网普及初期就养成了线上阅读的习惯。

正因如此，报纸内容免费上线被一些网站认为这是自动放弃了文章的知识产权，因此，各大媒体也会在报纸内容的电子版上线的同时，将这些内容呈现在自己的网站中，因此便形成了海量新闻的聚集。也正因为如此，人们对新闻的阅读又从各大报纸的电子版上，转移到拥有海量新闻的单一门户网站。如今，各种手机新闻客户端将此做到了极致，很多媒体平台都不是新闻（内容）的生产者，而是新闻（内容）的搬运工。

内容免费时代，流量的多少决定了收益是否丰厚，因此，以抄袭、洗稿等方式吸引读者的现象越来越多，其中还不乏大量的谣言和别有用心的言论，也导致很多善于利用免费资源、不以抄袭为耻的人越来越看不起"内容为王"这四个字。

内容付费，可以作为一种对内容原创者更高层次的保护，能鼓励更多的内容生产者创作更多、更优质的内容。否则自媒体行业很可能会出现"劣币驱逐良币"的情况，将原创者赶出，这必然会对自媒体行业形成巨大的冲击。以财经新闻为例，我们所看到的各种内容大部分来自纸质媒体，如果这些纸质媒体消失，各种客观真实的新闻资讯也将消失，网络上将遍布各种未经证实、来源不明的小道消息或谣言。

微信及其他自媒体平台都在慢慢取代传统媒体，这些自媒体平台引发的各种乱象也引起了管理者的注意。虽然自媒体所做的事情只是为内容生产者提供一个简单的平台,将内容生产者的内容呈现给公众,让每一位内容生产者都可以在这个平台上发表自己的内容。但如果不对这些原创者进行保护,自媒体平台的用户体验将越来越差,自媒体平台的未来也会岌岌可危,因此,可以看到各种平台都在不断进行完善。例如,原创保护功能、打赏功能、广告功能等,都在保护着内容生产者的权益,让他们的版权得以保护,并获得一定的经济收入。

付费阅读一旦推出,会吸引更多的原创内容生产者将更多的内容投放到新媒体平台中,以此获得收益。最常见的就是小说付费阅读、漫画付费浏览、视频付费观看等,未来还将会有投资建议、八卦娱乐等更多内容。

针对阅读是否应该付费,不同读者自然会有不同的看法。不愿付费阅读的读者认为,内容生产者之所以要求读者付费,最终目的就是赚钱。如果内容生产者能够将内容做得非常好,那么必然能够聚集大量的"粉丝",接下来自然会有需求方找到这些内容生产者投放价格不菲的广告。一旦采用付费阅读,有的"粉丝"将不再关注这些内容,内容付费产生的收益很可能还不如广告收益,因此,内容付费会导致内容生产者的实际收益受损。

支持付费阅读的读者认为,任何一篇原创文章的版权都归作者所有,作者如何处置其知识成果是他的自由。对于没有广告收入和"粉丝"群体的内容生产者而言,他们可以通过付费阅读的方式让劳动成果直接变现。付费阅读同时也会倒逼作者不断提升其内容水平，如果读者感到所读内容的价值不及所支付的价格，很可能就会选择不再关注，作者的收益自然就会受损；如果读者觉得所读内容的含金量远超所支付的价格，后期便将继续付费阅读。

从互联网的发展状况来看，内容付费将大幅提升作者创作的积极性，也将为互联网创造更多的优质内容。

2 乱花迷眼探真咎 谨防投资成"偷油"

普华永道会计师事务所 2019 年 2 月发布的报告显示，2018 年中国内地企业并购总金额约为 6780 亿美元，与 2017 年相比基本持平。面对大量流出的"真金白银"，市场不禁担忧，这些企业的大举并购究竟是企业发展到了一定阶段的真实扩张，还是只为了完成资产的转移？

实际上，中国企业在海外的收购行为早已引起了中国监管部门的注意。中国人民银行副行长潘功胜曾明确指出，中国企业在海外收购了很多足球俱乐部，其中不乏有人在直接投资的包装下转移资产。与此同时，监管部门也付出了实际行动。

例如，2017 年 6 月，中国银监会要求商业银行对部分"明星企业"进行跨境融资方面的风险排查，重点关注其海外并购贷款及内保外贷情况。

笔者认为，中国国有企业和知名民营企业走向海外，是中国经济发展的必然结果，也是企业全球配置资源的需要。尤其是随着当前经济发展，劳动力成本的提升，一些低端制造业需要寻找成本低的地方进行产业转移。另外，在"一带一路"倡议的引导下，企业走出去必然顺理成章。但如何判断企业是真的进行海外扩张，还是借机"金蝉脱壳"，才是最关键的问题。因为对于海外并购本身来说，这是个机遇和风险并存的选择。即便是企业正常的海外扩张，在并购过程中，也会遇到许多困难甚至风险。

一是在对海外一些国家经济方面的分析和判断上，中国企业缺乏对经济的深层次的理解和把握，更多的是盲目乐观，因而导致有些企业并购项目"胎死腹中"，甚至引发不必要的纠纷，继而影响中国企业在国外的整体形象。

二是中国的个别企业家的思维方式还没有改变，多数是把在中国做生意的"套路"原封不动地套用在了海外并购上。与此同时，中国的个别企业家还不具备金融思维。实际上，如果一个企业乃至一个人的资产到达了一定数额，和竞争对手就不再是单纯的产业层面的相互竞争，更大意义上是金融领域的意识与决断能力的竞争，而这也是中国个别企业家所缺少的。

正常的海外并购，都会遭遇大概率的风险和挑战，更不用提那些打着海外并购的幌子进行资产大转移的行为了。从某种意义上来说，后者的危害更大，因为急功近利会让人变得更加盲目，会给企业带来巨大的风险。

有一个很有意思的现象，中国的个别企业往往在早已负债累累的情况下，仍然孜孜不倦地进行海外扩张和并购，一方面，可能是为了转移资产；另一方面，则是因为它们深知通过海外并购可以进一步将资产规模做大，以更大的资产规模做抵押，以进一步提高融资贷款额度。

但这造成的结果是，资产、负债如滚雪球般越来越大，最后形成一座雪山。一旦出现风吹草动，如经营不善、国际货币政策环境出现大变化等，将会发生"雪崩"现象，导致企业资金链断裂，进而影响银行贷款，间接地造成中国金融系统危机的产生。这也是中国金融监管机构开始着手整治海外并购行为的主要原因之一，尤其是要守住中国外汇储备的红线。当然，在企业经营一切正常的前提下，还是需要鼓励企业"走出去"的。

企业想要做到平安且顺利地"走出去"，需要企业和政府的共同努力。

首先，企业应该树立正确的全球并购价值观，优化对外投资项目，对目标所在国进行仔细调研，做好功课。

其次，政府也应认识到，全球化趋势是经济发展的必然产物，中国若要融入全球化大潮中，必须准确把握好机遇，支持中国企业大举进行海外并购，鼓励中国品牌和产品"出海"。

最后，政府还应该做好"守夜人"的角色。除了加大金融改革力度，为企业并购提供金融支持,还要提供良好的信息支持和服务,及时向身处海外的中国企业发布相关的风险提示和引导等,并时刻提醒企业树立风险意识,确保海外投资的安全性和可持续性。

3 事出蹊跷必有妖 理论也需拳对招

在时代发展的过程中，我们对知识的追求从未停歇。但不少人在实践中发现，以往的经济学理论用在当下似乎并不靠谱，例如，房价的不断上涨就不符合经济学的规律，能够控制房价上涨的似乎只有政策。这是不是意味着，此前的经济学理论已经成为"古典经济学"，该被社会淘汰了呢？

笔者认为，经济学理论并不是不适用于当下状况，而是没有用对。举个简单的例子，大家在读初中的时候都学过一元二次方程的万能求根公式，其中"万能"这个词意味着所有的一元二次方程都可以通过该公式求解。然而很多人可能会习惯性忽略后面的一个限制条件，即 b 的平方不能小于 4ac，如果该条件不成立，意味着该方程没有实数解。

经济学也是如此，经济学的实际应用有各种限制条件。例如，在完全竞争市场中，理论上资源是自由流动的，信息也是具有完全性的；然而在现实市场中，任何一个自称自己是完全竞争市场的经济体或国家，实际上都会通过各种各样的手段来保护自己的企业和消费者，这也就导致完全竞争市场这一假设无法实现，以完全竞争市场为前提的理论自然也会在现实生活中"驴唇不对马嘴"。

这是因为经济是一个很复杂的东西，它和市场挂钩，因为买卖之间的货币流动就是经济；它和政策挂钩，因为政府导向是为了让经济向好发展；它和军事相关，经济稳定能让国家武装自己；它和外交相关，因为经济的强大意味着综合国力的强大，能让国家在国际社会上拥有更大话语权；它和社会稳定相关，因为国富民强能够让老百姓安心过日子。正因为经济并不是一个纯粹的事物，才能够让我们在各个方面都能找到经济的影子，让我们能够从更多的角度对经济进行研究。例如，我们往往会认为国家出现通货膨胀的原因就是货币供应量过多，那么我们能否认为控制通货膨胀的方式就是减少货币供应量？当然不能。

货币供应量过多只是通货膨胀的表现，其根本原因还有多个方面，例如，市场需求大量增加导致商品供给不足，商品生产者追逐利益导致供给发生变化，人们对未来产生悲观预期等。

在理论中，我们可以将这些问题一一击破、解决，但是在现实社会中，上述问题不会单独产生，而是会集中爆发。有些问题对通货膨胀的影响较大，有些问题则影响较小，对应决策的制定也会非常复杂。例如，在产业结构较合理的国家中，由于人口数量不断增多，对某种商品的需求量也开始增多，供给平衡便被打破。政府如果对该行业进行扩容，在对供给平衡起到积极作用的同时，又破坏了该国产业结构，有可能引发新因素导致的通货膨胀。若再对产业结构进行调整，又可能会破坏市场供给，同时导致人们的悲观预期，通货膨胀可能会继续恶化。

所以，我们可以看到绝大多数经济学家会指责政府采用的解决方式不对，但不会为政府提供解决对策，因为这些经济学家也想不出行之有效的解决方案。例如，央行在 2015 年 A 股暴跌期间未降息时，有经济学家指责央行不为资本市场"救火"，要求央行想办法；然而央行降息后，又有经济学家们指责降息无济于事，认为释放的资金并不会流入股市，呼吁决策层拿出更加行之有效的救市策略。在暂停股指期货前，不少经济学家大力指责股指期货这一"罪魁祸首"；在股指期货暂停之后，又有不少经济学家在千股跌停后指责证监会"冤枉好人"、不尊重经济规律。

因此，有个关于经济学家的笑话说，经济学家是要在明天用一种经济学理论来解释，为什么今天的经济学理论应用在实践中会出错。因为经济不可能是独立的问题，它涉及的方面太多，社会、文化、政治等。我们往往只能看到一方面，却不知道忽略了多少方面，甚至有些经济学家在研究经济问题时从来不考虑政治因素。但是，想要做到面面俱到，就经济学家当前的能力而言，还是有一定距离的。

任何学科的发展都需要经过反复探索和研究，以前的知识未必就是错的。经济学理论也需要不断修正才能符合客观规律，它也许在某个范围内成立，但在某个范围内又需要新的理论作为支撑，这种修正要求人们去探索、去学习、去研究更多的未知领域。

4 金融开放迎春天 风险防范有底线

2019年7月20日，国务院金融稳定发展委员会办公室宣布了十一条金融业对外开放的新举措，涉及银行、保险、券商、基金、期货及信用评级等多个领域，为金融业的对外开放进程再次按下了"加速键"。在这十一条措施中，有八条涉及金融机构准入开放（有四条与保险机构相关），另外三条涉及债券市场开放。笔者认为，这些举措对于中国经济的高质量发展具有重要意义，体现了金融业高层勇于开放的胆识和决心。未来，中国的改革开放之门势必会越开越大，外资的春天即将来临。

改革开放四十多年来，中国吸引外来投资的方式发生了翻天覆地的变化，从"来者不拒"向提供优质的营商环境等方面加速转变。同时，吸引外资的政策之多、扩大对外开放程度之广，均可谓创历史之最。这些变化亦让中国得以持续成为外商投资的热土。

研究发现，在此次公布的开放举措中，有三项举措特别引发了资本市场关注。

第一项，是允许外资机构获得银行间债券市场A类主承销牌照。笔者认为，这对外资银行来说意味着全新的机遇，境内几十万亿元规模的信用债市场，为我们提供了巨大的想象空间。通俗来讲，过去外资银行只能做"熊猫债"，而在放开之后，外资银行就可以晋升为A类主承销商，面对的市场空间更广阔。据清晖智库统计，截至2018年末，共有41家境外发行人在交易商协会完成注册的熊猫债，合计3832.1亿元；共成功发行87单，合计1655.6亿元。而2018年境内信用债发行规模却为7.3万亿元，净融资额高达1.6万亿元。

第二项，是加大信用评级开放力度，支持外资评级机构进入中国银行间债券市场和交易所债券市场开展所有种类债券评级业务。作为金融市场的基础性制度，允许外资评级机构在两个市场进行所有种类债券评级，一方面可以满足境外的投资者的多样化需求，另一方面能够倒逼中国信用评级行业的高质量发展。

当前，与国外的信用评级机构相比，国内的信用评级机构在风险揭示和风险定价方面，发挥的作用尚不明显。特别是在改善民营企业和小微企业融资环境、加大金融服务实体经济的力度、引导市场预期等方面，仍有明显的不足。公开资料显示，中国的公司债券信用评级，主要集中在AA级至AAA级。与之相比，美国的信用评级，分布跨度就大得多，基本呈现出以 BBB 级和 A 级为主的双峰分布。相关的行业研究也表明，良好的信用评级并不能显著降低债券信用价差，中国的信用评级机构公信力相对不足。因此不难发现，外资评级机构的进入，首先会带来一定的"鲇鱼效应"，其次会带来可以借鉴的经营模式和评级技术，总体上有利于国内评级体系实现良性发展。

第三项，是允许境外资产管理机构与中资银行或保险公司的子公司合资设立由外方控股的理财公司。目前，中资银行、保险公司与外资先进资管机构的往来多以业务合作为主，并不涉及合资设立相关机构。允许外资设立合资控股理财公司，显然有利于引入国际先进的资管专业经验，进一步促进资管业的稳健发展。与此同时，还有利于丰富市场主体和业务产品，满足投资者的多元化需求。

未来，不排除会出现一些中小银行理财子公司，为了尽快提升资管能力、开展业务，主动出让多数控股权的市场现象。但在短期内，银行理财子公司引入外资股东，对目前资管行业的信托公司、券商资管部门、公募基金、私募基金等经营者可造成的影响有限。因为外资一直对国有四大行情有独钟，预计首先入股这种类型的银行的可能性较大。外资股东的资金量大、经验丰富，总体对国内理财子公司甚至资管行业而言，机遇大于挑战。

针对上述开放措施，建议中国应立足国情，全面借鉴金融业对外开放的历史与国际经验，持续完善法规和配套制度建设，同时坚决守住不发生系统性风险的底线，让开放措施逐渐落地生根。因为金融业的对外开放过程十分复杂，需要不断完善与开放相适应的金融风险防范体系。

总体来看，监管部门应该从以下三个方面做好风险防范：一是统筹各领域出台政策的力度，形成一股政策合力；二是进一步加快金融市场的基础设施建设，实时动态监管线上线下和国际国内的资金流向及流量；三是健全问题金融机构的处置机制，同时建立市场化、法治化的金融机构退出机制。

5 放权优化图振兴 深化市场求『真经』

"简政放权，深化改革，优化结构，协调发展"——对于东北的振兴，笔者认为可以用这几个关键词来概括。与很多人对东北的印象不同，如今的东北不仅保留着部分的重工业，也有着新兴科技产业；有着强大的实体经济支撑，也有着强劲的转型发展驱动力。在国家密集启动东北振兴战略之后，这块曾经被人们熟知的老工业基地再度朝气蓬勃起来。

一个区域想要发展，通常需要具备三方面的要素：劳动力、生产工具及由生产资源组成的产业。这三者对东北而言并不是问题，真正的问题在于东北老工业基地原来主要是以计划经济为主，原有体制在市场经济的环境下难以适应，这也成为东北一度被外界看衰的原因。所以要厘清政府和市场的关系，让市场在资源配置中发挥主导作用，让政府在市场发展中起引导作用，成为东北振兴的内在加速器，也就是简政放权。

这同样说明，振兴东北需要多方面共同发力，包括通过外力进行驱动、通过内生动力进行转化，遵循市场经济规律，适当引入外部产业进入东北驱动产业升级，引导产业与资本的结合，推动农业、工业健康发展，继而推动东北地区的经济增长。这就要求东北需要深化国企、国资改革，加快推动国有资本向具有核心竞争力的优势产业集中。

与此同时，东北各省市还放宽了民间投资准入的门槛，允许民营企业进入未明确限制和禁止的领域。例如，推动民营企业参与铁路、公路、航空等基础设施的建设运营；在教育、文化、医疗、卫生及养老等社会事业方面也积极向民营企业开放。另外，东北各省市还支持民营企业和社会资本参与国有企业改制重组，引导民营企业和国有企业建立配套协作机制。这种深化改革的力度，堪比经济特区改革开放时的"敢为天下先"。

在产业结构方面，东北各省市已经从原有的以工业为主的模式，转向农业、环境、教育、科技、能源、物流、旅游及新兴产业等方面共同发展，扩大了总盈利来源，增加了大量的就业机会，增强了东北在国内外的影响力。例如，开发的冰雪旅游产业将原本传统的旅游淡季转变成为富有特色的冬季旅游景点；中国东北港口营口港与俄罗斯铁路股份有限公司（简称俄铁）签署合作协议，成功入股俄铁下设的别雷拉斯特物流中心，将其打造成了莫斯科最大的国际物流中心；吉林煤炭实现去产能 1643 万吨，超额完成国家下达的任务。这些成功的实践也说明，产业结构的优化调整，有效带动了东北的整体发展。

从东北各省市近年来的变化来看，创业创新、人才培训、市场开拓、法律政策等服务领域都得到了提升，在国家政策和当地政策的引导下，大量高新技术企业和专业型人才也加入了振兴东北的行列中。

整体来看，东北产业的发展也在从曾经的"制造"转向新型的"智造"，政府引导的投资和创新力度进一步加大，进一步加强了科技创新，淘汰了落后的产能及落后的思维。这种实践也再度证明，科学技术是第一生产力，无论是东北振兴还是西部开发，科学技术和科学人才都是"智造"的重要基础。

尽管振兴东北已经取得了一定的成绩，但在宏观经济增速承受压力的情况下，我们仍不宜太过乐观。毕竟东北各省市的工业基础能力依然相对薄弱，在工业创新发展、转型升级过程中仍然存在创新能力不足、竞争力提升遭遇"瓶颈"、工业转型升级陷入僵局等方面的问题。这依然需要政府通过引导的方式，继续深化改革，引入民营资本，激发发展动力。

由于东北产业转型基础相对薄弱，企业自主生产和研发能力较东部沿海地区略微落后，一步跨越进入"智造"的目标，并非一朝一夕就能实现的。结合我国各区域产业发展的综合背景，我们需要意识到工业造业是"智造"和转型升级的重要基础。从历史发展的角度来看，东北的振兴虽然已经取得阶段性成功，但是未来还有着大量的不可预见的困难，以及尚未明确的风险和机会。"心急吃不了热豆腐"，在经济新常态的环境下，东北必须一步一个脚印，稳扎稳打，助力实现"中国梦"。

6 技术服务作支撑 共享工厂有未来

工业和信息化部2019年10月印发了《关于加快培育共享制造新模式新业态 促进制造业高质量发展的指导意见》(以下简称《意见》)。《意见》指出，要加快形成以制造能力共享为重点，以创新能力、服务能力共享为支撑的协同发展格局。《意见》明确，到2022年，将形成20家创新能力强、行业影响大的共享制造示范平台，资源集约化水平进一步提升，制造资源配置不断优化，共享制造模式认可度得到显著提高。笔者认为，这无疑是共享经济在制造业领域的延伸，特别是在当下5G等技术已经落地之际，此举将有利于缓解制造业领域产能过剩的情况。

事实上，早在几年前，"共享工厂"的概念就开始走入公众视野，但时至今日才逐渐形成一定的气候，探索者也随之越来越多，涌现出了一大批智能制造共享平台。所谓的"共享工厂"，主要指的是借助互联网平台，通过工厂分享生产线空档期，实现企业闲置资源高效利用的一种新型生产模式。

笔者认为，打造"共享工厂"，实现智慧生产，需要通过"创新、智慧、共创、共享"四大元素的有机结合，使制造企业突破产业金字塔局限，重构产业价值链布局，建立数字化共享创新能力。在当前 5G 迅速发展的背景下，"共享工厂"还应该积极拥抱 5G，以 5G 为切入口，逐渐提升企业数字化水平，为将来各地全面推进和建设"共享工厂"奠定技术基础和能力基础。总体来看，"共享工厂"充分利用了闲置的生产设备，降低了企业成本，有利于推动中国制造业的加速转型。

"共享工厂"对于中小型制造企业而言意义重大，它们可以不用再去购买那些价格昂贵的机床设备。由于"共享工厂"大多采用租赁的形式，现金流不多的中小型制造企业将可以像在网吧上网一样，只要缴纳一小时的费用，就可以在"共享工厂"使用机床一小时，此举无疑大大地减少了企业的现金流。此外，一些规模较大的企业，在订单量较大、自身产能无法满足生产需要时，也会频繁使用"共享工厂"，实现开源节流。对"共享工厂"而言，其研发生产的最新款机床设备，经过制造企业的使用之后，能更好地实现营销推广和市场普及。

《意见》还提出，培育发展共享制造平台，包括推进平台建设、鼓励平台创新应用、推动平台演进升级等，进而实现产业链的协作发展。显而易见，与传统的代工模式不同，"共享工厂"主要以研发、管理和生产等环节的资源供需结合为突破口，通过资源的有效整合与共享，使得企业的生产活动突破市场半径和企业边界的约束，按照最为接近消费者的方式进行。由此亦不难发现，"共享工厂"平台建设应该集聚大量人力资源，即对制造业理解非常深刻的通用型科研管理人才，通过共享、集成、资源重组等形式，快速响应市场需求，推动产业升级。

笔者认为，"共享工厂"平台的建设和完善，将会对制造业产生巨大影响，不但能够让制造企业把精力从人员、设备管理中彻底解脱出来，全身心投入到新型产品的研发和品牌的市场推广中，还能够激发出制造企业的创新活力，培育和发展新动能，形成叠加效应、聚合效应及倍增效应等，赋能制造业相关企业。

当前，一些制造企业众多的城市都想尽快切入共享制造领域中来，以实现制造业产业链上资源的有效配置，迈向先进制造业。对于此，笔者认为除了借力5G，还需要当地政府加大政策引导和扶持力度。例如，可以引导有条件的企业开展"共享工厂"试点建设，并鼓励它们自主探索"共享工厂"的新模式和新路径，然后再把行之有效的"共享工厂"模式进行大力推广。

总而言之，只有大力发展数字经济，并借力5G、智能制造和大数据等新兴技术，为"共享工厂"建设和完善各项基础设施之后，"共享工厂"才有望在全国各地开花结果，形成欣欣向荣的良性发展局面。

7 治理『僵尸』盼众手 多管齐下方有效

《半月谈》曾指出，一些地方对"僵尸企业"的处置暗陷"僵局"。在个别地方，"谁是僵尸"，成了一个当地政府说不清、企业不承认、银行不愿提的话题。

所谓"僵尸企业"，就是那些资不抵债、靠政府补助才不至于倒闭、不断浪费国家资源的企业。对企业领导而言，最关心的就是自己的履历，因此，不会有人轻易承认所管辖的企业是"僵尸企业"；对于地方政府而言，其负责人自然关心自己的政绩，因此，也不会轻易承认地方的企业成了"僵尸企业"；对银行而言，最关心的就是自己的收益，但在不得已将资金借给企业之后，自然更不会提及"僵尸企业"。

这些因素结合在一起，加大了我们评判"僵尸企业"的难度，一些企业死活不承认自己是"僵尸企业"，最大的原因就是为了保住面子。

之所以出现这种情况，是因为我们缺少对"僵尸企业"的判断标准，但如果让国家制定相应的标准，又容易出现错杀及遗漏的情况。毕竟不同行业、不同规模、不同性质的企业，出现的各种情况难以用条款进行明确的界定。

对于更多的企业来说，不仅管理层不愿意承认自己的企业是"僵尸企业"，企业的员工也不愿意承认，不排除一大部分员工相信企业能够通过一些先进手段来改变当前不景气的情况。就如同某些金融机构，只要投资者没有发生挤兑的情况，所有人的资金和财产都是安全的，一旦发生挤兑就很容易陷入无法兑付的地步。企业管理者也是如此，他们也不希望自己就被戴上"僵尸"的帽子，也许他们的内心想法就如那些电影台词一样，"再多给我些拨款，再多给我点时间，我们一定能扭转不利的局面"。

但如果花费了大量的人力、物力却依旧一无所获呢？我们只能说，"僵尸企业"的危险和机遇并存，但危险远远大于机遇。

笔者曾经说过，清理"僵尸企业"需要快、准、狠，但同时也不能一刀切。所谓快，并不是加速清理"僵尸企业"，而是尽快为每一家"僵尸企业"制定符合实际情况的清理流程。所谓准，则是要找到整顿企业的切入点，例如，是进行破产重整，还是通过其他优质企业进行兼并收购；是通过政府提供资助进行转型，还是引入新的战略投资改变当前现状。所谓狠，是指行动不仅要快，而且要排除万难、下定决心、实施到位。清理"僵尸企业",时间拖得越长,耗费的资源就越多。

然而,如果一刀切掉所有的"僵尸企业",极有可能导致经济发展失衡。例如,大量的员工可能会因此失业,除非国家有能力安排大量稳定的工作岗位供失业劳动力再就业。这些工作岗位同时还需要符合他们的专业技能,我们不可能让一个文员走进电气室做电工,也不能让流水线上的质检员进入办公室做文案,否则,表面上看起来为人们解决了后顾之忧,实际上有可能会导致他们拒绝再就业。

找到"僵尸企业",清理"僵尸企业",需要用两种方式同时进行。一方面,国家要开始减少对国有企业的资金补助。因为在改革开放后,国有企业在市场上几经沉浮,已经练就了一定的"造血"能力,国家减少对国有企业的"过度输血",有助于提高国有企业在市场上的竞争力,创造一个真正的市场化环境。

另一方面,国家需要对"僵尸企业"提供一些扶持。当企业承认自己是"僵尸企业",愿意接受转型、改造、清理时,国家可以依据实际情况对这类企业提供补助,并在2~3年的时间内完成对该企业的清理。若在限定时间内没有完成,则要对该企业负责人、保证人、当地负责"僵尸企业"改造清理项目的官员进行惩处,对企业直接进行关停、破产清算等处理。

方法再多,到地方政府落实时都会难上加难。不排除当"输血减少"时,地方政府又会强制性介入金融机构,要求金融机构提供更多的贷款,对其进行资助。所以，处理"僵尸企业"不应只是市场化行为，国家也必须介入，防止地方政府滥用职权。如何在将政绩评定转化成为清理"僵尸企业"的推动力的同时，防止地方政府为了完成"硬性指标"而伪造"僵尸企业"数量，这些都是国家需要想办法解决的问题。但无论如何，一旦发现地方政府不配合工作，有包庇"僵尸企业"、伪造"僵尸企业"等行为，就必须予以严惩。

8 中概好股有实学 名重嵩山靠真功

中概股（中国概念股）在海外市场上容易遭遇各种水土不服，最为明显的是不容易被境外投资者所认可。简单而言，一家在中国注册的企业，赚中国人的钱却筹集境外投资者的资金，境外投资者真的愿意投资吗？就好比我们"敬而远之"的国际板一样，中国企业在海外上市本身就存在诸多问题。

虽然在海外上市的条件相对宽松，但有不少宣布私有化的上市公司在某些方面适应不了海外的环境，常常因为各种情况被各种机构看空。海外上市的梦想和现实有很大的差距，大量企业赴美上市之后并不一定能够享受到"资金盛宴"，企业知名度也没有得到提升，反而被大量的投资者和机构质疑，导致中概股的价值越发缩水。

除去一些特定因素，中概股若是希望长期在海外市场发展，塑造其市场价值是非常必要的。价值的塑造需要从两方面进行，一方面是产业价值的重塑，另一方面是品牌价值的重塑。在产业价值方面，就是要让企业在生产过程中的规划、设计、生产、销售、运营、研发及售后等各个环节精益求精；在品牌价值方面，要让企业的好形象广为流传，赢得投资者好感。

虽然网络时代下的信息传播速度非常快，但由于地域不同、时区不同、人们使用的语言不同，信息不对称的问题依旧会长期存在。由于海外投资者对上市公司的实际运营情况并不清楚，因此，总有一些别有用心的机构会挖空心思找一些所谓的负面消息对中概股进行打击，中概股也常常因此被做空。

与中国证券市场相比，海外证券市场相对成熟一些，海外投资者更看重上市公司的价值。如果一家上市公司能够在产业链各个环节都做到无懈可击，为股东创造符合预期甚至是超出预期的收益，自然会给予投资者长期持有的信心，只不过鲜有在海外上市的企业能够做到这一点。对于绝大多数企业而言，重塑产业价值的难度相当大，但若不采取手段重塑产业价值，在风光上市的背后，未来出现的局面很可能是黯然退市。绝大多数采用注册制的市场虽然上市容易，但退市也是"分分钟"的事。

重塑产业价值首先要从企业的核心竞争力入手，一方面，企业要考虑该从哪些方面强化企业的市场竞争力，提升企业的生产效率，降低企业的成本，提高企业盈利水平；另一方面，企业要考虑如何跟随市场发展，设计新的产品，进行新的转型，寻找新的发展思路；此外，还需加强组织管理、人事管理、企业文化等方面的建设。在增强企业硬实力的同时强化软实力，推动企业全面发展，降低各类短板产生的概率。

然而说起来简单做起来难，重塑产业价值还需要投入大量的人力、物力及花费大量时间，对于那些急于上市圈钱的企业而言，这可是一大难关。对于那些真心实意想要在海外市场实现自身价值的企业而言，如果企业一直得不到投资者的关注，那就必须考虑重塑产业价值。

就品牌价值而言，企业不仅仅要在中国家喻户晓，更要做到名扬海外。例如，虽然我们不知道微软、可口可乐、苹果公司等美股上市公司真实的详细资料，但我们都知道投资这些企业是没错的，因为这些企业的品牌形象已经享誉全球。

虽然很多在海外上市的企业有着良好的发展前景，但大多数企业的知名度仅限于中国，国外投资者对这些上市企业的情况并不熟悉。即便是在国内如雷贯耳的阿里巴巴，在美国也并未能完全得到投资者的认可，其股价曾也处于破发状态。例如，在2016年"双十一"创下千亿元成交额的同时，其股价却遭遇了"黑色星期五"，下跌了1.43%。还有一些在海外上市的企业在中国没有什么知名度，海外投资者对这种企业的基本信息、财务报表的内容一无所知，在网络上也难觅公司的相关资讯，对于这种企业，投资者自然会避而远之。

塑造全球品牌价值需要实现产业扩展，也需要和产业价值相辅相成。好的产品加上好的宣传方式，才能为企业营造一个好的市场氛围，也才能令中概股的价值逐渐回归应有的地位，进而令中概股在海外市场中受到投资者青睐，实现其应有的价值。

9 入市捷途新三板 企业升级靠发展

进入资本市场是不少企业的梦想，因为这样企业既可以在资本市场上获得融资，又可以增加品牌知名度。但资本市场并不是想进就能进的，必须满足一定条件才有机会进入。以 A 股市场为例，需要在独立经营、规范运行、财务指标等方面满足要求，对普通企业而言，这些要求相当复杂。光在财务指标方面，就有当前三个会计年度净利润均为正数且累计超过 3000 万元、经营活动产生的现金流量净额累计超过 5000 万元或者当前三个会计年度营业收入累计超过 3 亿元等要求。

即便满足了上述诸多要求，在当前核准制仍是主流的发行制度下，符合要求的企业数量在我国企业庞大的基数中仍旧占比极小，而且企业在被审核过程中还有"折戟沉沙"的可能，顺利上市还需要经历不少波折。如果企业能够通过层层考验登陆 A 股市场，则可以在一定程度上反映出企业的优质性，毕竟能够达到上述指标实属不易。若是上市企业年年表现稳定、分红乐观、股价合理，这种上市公司将是极为优质的企业。

但对于一些规模相对较小的企业，通过层层考验进入 A 股市场，是个遥远的梦想。在无法触及 A 股市场的情况下，这类企业可以退而求其次，尝试其他分层结构，如新三板、区域性股权交易市场等其他门槛相对较低的平台。新三板相对 A 股市场门槛较低、限制较少，相对第一层次的平台，容易获得较多的资源，并更容易获得市场关注。因此，尝试新三板也是一种较好的选择。

进入新三板市场相对容易，但并不代表什么样的企业都可以进入新三板市场，而进入新三板并也不代表未来就一定会一帆风顺。近几年，有关新三板的负面新闻不断，此前就曾出现过新三板挂牌企业未能筹集到审计费用的消息，反映出新三板挂牌企业在地位上也并没有太多的优越性，而持续经营不善、运作不佳的企业，还是很有可能继续"穷"下去的。不过，这是新三板挂牌企业的特殊性而非普遍性，在新三板中也有不少优质企业，这类优质企业的表现和 A 股市场优质企业的表现可谓旗鼓相当，即都是年年表现稳定、分红乐观、股价合理。而且，这类优质企业很有可能成为 A 股市场上市公司并购的目标。

清晖智库数据显示，2018 年以来，已有超过 30 家 A 股市场上市公司宣布并购新三板公司，涉及交易总额超 70 亿元，涉及企业数量和交易额分别是 2017 年同期的两倍多和三倍多。从市场政策、环境及其他多方面因素分析，2018年上市企业并购新三板企业的现象比2017年明显增多的主要原因与IPO审核趋严及新股发行放缓有关，部分新三板企业无法通过IPO融资，因此选择了被并购。上市公司并购的意图大同小异，往往是出于行业整合或多元化发展战略，之所以多起并购的对象都是新三板挂牌企业，从公司治理的角度来看，相较于未挂牌的企业，新三板挂牌企业治理更为规范，财务数据更真实。

更重要的是，企业挂牌新三板还需要对企业自身进行完善，企业需要完成内部控制流程、财务流程等诸多方面的梳理工作。其原因有四个。

第一，这些工作的目的是规范企业的行为，并清查企业以前在工商、税务、公安、质检等方面存在的问题，要求企业自身必须做到公开透明。

第二，这些工作将会让外界从各方面了解企业的情况，如创始人是否有问题、企业业绩表现如何等。这虽然会对企业造成一定的压力，但也会让企业知晓自己看不见的问题，以此进行改正，降低运营风险。

第三，新三板挂牌企业在完成结构梳理等多方面工作后，会对自己的盈利能力、主营业务等有更为清晰的了解，如果有外界资本的介入，更有助于企业朝着好的方向不断进步。同时，为了获得更多的融资机会，企业也会倒逼自己持续改进现有的生产运营模式，通过不断创新实现产品质量、生产效率等诸多方面的突破。此外，企业还需要同步进行自身的内部控制和管理，使生产方式符合管理方式，推进企业稳步发展。

第四，挂牌新三板的企业会有更多的机会获得监管机构及辅导机构的培训，企业领导可以通过这类培训掌握更多的知识。同时，在多方的监管之下，企业可以及时对生产经营、财务管理、内部控制和公司治理等方面进行完善，企业领导可以将所学习和掌握的先进方式，引入企业内部管理中，以此为公司的规范化发展提供可靠的保障。

整体而言，企业在新三板挂牌后，其企业质量的提升关键体现在实现了从混乱到正规、从无序到规范的改变，建立了完善的内控流程和规范的财务管理。也许这些提升并非企业所愿，但新三板的这些要求，对企业的发展还是起到了积极的作用，但最终企业能够做成什么样子还是要看企业自身的。

例如，北京世纪瑞尔技术股份有限公司（下称世纪瑞尔）是新三板正式成立后的第一个挂牌企业，挂牌后一度成为市场焦点。2010年12月13日，世纪瑞尔成功转板登陆创业板。从其招股说明书可以看出，其能成功冲击创业板的原因，除了和当时热点相关，还和企业自身的资质有重要关系。在登陆新三板后，世纪瑞尔通过优化公司治理结构、提高管理效率，对自身进行了改善，其中包括按照公司的成长阶段控制高管规模，提高董事会独立性，适当增加高管年龄、教育水平和工作经验的差异性，提高管理层活力以避免出现决策单一等问题。

可见优质的新三板挂牌企业，不仅有被A股市场上市企业并购的可能，还有实现转板的可能。无论是有意向并购、收购新三板的企业，还是希望转板的企业，都需要在企业各项制度健全、各项机制完备的基础上，勇于探索治理结构和治理机制的创新。企业挂牌新三板，不能将这个成绩作为企业发展的目标，而是要以此作为在资本市场的起点。更不能满足于现状，要不断深化企业治理，才有助于自身的不断发展，进而有助于中国资本市场的健康发展。

第 4 章

直挂云帆济沧海
特点突出路自宽

1 颜值经济在风口 男士爱美也潮流

2018年以来，不同行业品牌与传统化妆品品牌混搭，接连推出各类跨界产品。例如，故宫口红、泸州老窖香水、大白兔奶糖味唇膏等，这些化妆产品因为融合了传统文化，受到广大年轻消费群体的青睐，在2019年天猫"618"的110个成交额破亿元的品牌中，有六成是国货品牌。在我看来，国货走红，除了因为传统化妆品企业逐渐摸索出了适合自身发展的品牌定位、营销渠道、策划手段等，还因为新一代消费者的消费观念发生了改变，当前有越来越多的消费者乐于接受国产化妆品品牌。

但对于特定的人群来说，情况可能会有所差异。例如，"95后"甚至"00后"消费者可能只是图一时新鲜，过一段时间之后，他们就会产生审美疲劳，于是对这些潮牌国货的消费需求就难以持久。一般而言，化妆产品的生命周期是一年左右。对于传统本土品牌来说，要想真正赢得消费者的信赖并不容易。特别是本土品牌对高端领域的争夺仍处于心有余而力不足的状态，所以面对外资品牌多年积累下的品牌、研发和渠道等优势，本土品牌仍然暂时难以企及。

一直以来，外资品牌在一二线城市的高端市场上占据着垄断地位，但随着三四线城市的消费水平有所提升，一些本土品牌开始在下沉市场建立销售网络。据笔者观察，一二线城市的化妆品市场已经基本饱和，这意味着三四线城市将会成为化妆品经济的新增长点。随着三四线城市整体消费水平的提高，其化妆品消费呈现出品质消费、体验消费和赶超消费的新特点，在一二线城市中常见的中高端产品，在三四线城市也比比皆是，其消费能力不容小觑。

面对正在崛起的化妆品市场，一些本土品牌为了与外资品牌竞争，获得更多市场关注，纷纷跨界推出各种新品，但重营销、轻研发是目前本土化妆品企业的通病。未来，本土化妆品企业应在研发、创新和人才方面加大投入力度，在做好亲民产品的同时，发力高端化妆品市场，以实现产品突围。

另据了解，目前许多化妆品自有品牌的毛利率可以达到70%以上，不过在高毛利率之下，化妆品企业的净利润却并没有外界想象得那么高，因为绝大部分的钱最终都花在了广告营销、明星站台等方面。营销费用历来是化妆品行业的成本大头，营销费用也不仅仅是广告等费用，还包括门店和货架的铺设费用等。以一款容量为40ml、售价为320元的化妆品为例，最后"用到人脸上的"可能仅为 40~50 元，约 75 元花在了包装上，还有约 63 元花在了广告费用上。最具代表性的化妆产品当属口红，以 10 元左右的原材料成本，可以卖出原成本 10~20 倍的价格，利润相当可观。

统计数据显示，在化妆品领域，口红属于第一单品，口红在网上的热度也远高于其他品类。实际上，除了口红，化妆品还包括面部护肤品和其他保养产品等。但口红单价较低，需求度较高，消费群体也没有严格的性别之说，有些男生也直接买来自己用。可见，口红是化妆品领域最容易完成跨界营销的产品，这也是一些企业扎堆跨界进入口红市场的主要原因。

未来，随着化妆品市场推出新品的节奏加快，竞争将会越来越激烈，产品同质化亦会随之加剧。化妆品企业将很难满足不同年龄段的消费者的偏好。例如，被"自我个性"加持的"95后""00后"消费者，他们的偏好多变，口味难以捉摸，化妆品企业需要下功夫跟上他们的"善变"。

此外，随着互联网偶像影响力日益提升及社会包容度的提高，当前中国的男性化妆品消费市场来势汹汹，正在成为企业掘金新市场。笔者观察到，市场上各大化妆品品牌几乎都开始推出男士美妆护肤产品，市场竞争亦随之逐渐加剧。

据清晖智库统计，2018年，全球男士美妆市场的消费规模高达1000亿美元。预计在不久的将来，其甚至将会超过女性美妆市场。在颜值经济大爆发的当下，越来越多的男性的护肤意识开始强烈觉醒，变得越来越爱美。

2 闺密天然爱分享 你买我买大家买

中国成为"世界工厂"的主要动力源之一，就是中国的女性工人，随着中国女性获得了经济独立、情感独立、精神独立，其社会地位不断提高。因此，没有女性的突出贡献，经济社会发展的"半边天"就难以支撑下去。在中国经济发展的进程中，广大女性与中国的改革发展同呼吸、共命运，凭借自身智慧和能力，赢得了社会的尊重和认可，同时也推动着社会的文明与进步。

如今，随着社会的快速发展，出现了一种基于女性经济的新的市场经济行为，即一个强调由女性闺密之间相互交流产生的经济网络——闺密经济。从理论上来讲，闺密经济是女性经济的升级版，由于女性群体遍布全球、无比庞大，她们未来产生的经济消费市场规模也将是百万亿元级的。

女性经济这个词是舶来品，最早是英国《经济学家》杂志用来描绘全球女性对经济发展的贡献时所提到的，而闺密经济一词却源自中国。在中国，闺密经济这种特别的经济现象，正展现出令世人瞩目的风采。特别是在美容、健康管理、母婴、网络购物、婚恋、理财及社交等细分消费领域，闺密经济增长极正在形成，对国民经济的拉动作用日益显著，已经成为一道靓丽的风景线。

闺密经济中的闺密概念包含了闺密间的交往和互动，比女性经济更鲜活也更"贴心"。闺密经济是基于闺密的概念衍生的一种新兴的共赢互助的经济模式，主要表现为闺密与闺密之间的营销行为。闺密经济连接文化、教育、金融、电商、医疗、影视、旅游、餐饮娱乐及奢侈品等各个领域，现已成为推动世界经济发展的新引擎。

中国拥有庞大的互联网用户规模，互联网用户规模已超过欧美的总和，这为闺密经济的创新和发展提供了坚实的基础。随着移动互联网的崛起，以及移动端女性用户占比的持续提升，女性经济的影响力不断提高，围绕着女性消费形成了独有的经济圈和经济现象。其中，闺密经济已成为女性经济中的一个"精准经济圈"。闺密二字有情感、有关系、有互动，更加关注闺密间的心理需求，并通过移动互联网无缝连接女性用品商家。在移动端将闺密经济放大，完全可以再造一个百万亿元级规模的"消费航母"。与此同时，经常有人用调侃的口吻指出，所谓闺密经济其实是个伪概念，充其量是博人眼球的噱头。但笔者却不这么认为，因为闺密经济有着十分准确的市场定位,"三个女人一台戏"的典故早已有之。

如果说女性经济是从性别上探讨女性消费,"她经济"更多强调独立个体的消费能力,那么闺密经济则是在"互联网+"时代具有社交性质的消费经济。闺密经济的能量到底有多大?用"非常惊人"来形容一点都不为过。

据前瞻产业研究院统计,截至2019年6月30日,中国的手机用户数已经达到15.86亿。这些手机用户产生了规模庞大的具有极高经济价值的数据,其中超过一半为女性手机用户,而她们比男性手机用户在电商等方面的消费能力更强劲。女性天然的热衷于分享的属性是女性电商、闺密电商发展得如火如荼的主要原因之一。

总体来看,闺密经济是一个有互动、有联系、有信任的经济现象,其核心价值在于闺密之间的分享,以及由分享而产生的信任经济行为。闺密是天生的分享家且自带传播属性,再加上近年来女性垂直社区、分享商城的迅猛发展,闺密经济无疑蕴含着巨大的市场空间。

未来,将会有更多的行业认识到闺密经济的价值,开始拥抱闺密经济,并借助人工智能、云计算、大数据等技术谋求进一步发展。可以预见的是,随着科技的不断发展,智能化的闺密经济将是未来的发展趋势,革新与创造将贯穿其中。

3 母婴市场有新天 洞悉规律方赚钱

在我国全面放开二孩政策后,许多机构都认为二孩政策将带来诸多红利,将成为母婴、房地产、教育培训等行业长期利好的重要支撑。然而,国家统计局的数据显示,2017年我国新生儿数量同比下降,2018年又持续下降。在我国居民生育意愿有所降低的情况下,二孩政策并没为经济带来预期的增长。

新生儿数量的减少,可能会对某些以人口增加为条件的产业形成利空。然而,这并不意味着母婴行业不能快速发展,如果中国未来继续维持着低出生率、新生儿数量不断减少的现象,母婴行业必然将出现"冰火两重天"状态。

"火"是因为,随着人们生活水平的提高,越来越多的家庭对新生儿的重视程度、投入程度越来越高,对与其相关的投入也有所增加。

二三十年前，许多女性在怀孕期间的产检就是做几次B超检查，如今的情况则是一月多次、五花八门的孕检，为的是实现优生优育，因此，即便对母婴产品有需求的人群基数降低，但该群体对母婴服务的需求在不断增加。

"冰"是因为，越来越多的本土母婴企业的出现，以及海外母婴企业的进入，令这个本应该"供不应求"的行业的从业者开始恐慌，在市场竞争本就激烈的环境中，还有人因认为母婴行业是一个永远分不完的"大蛋糕"而欣然入市。然而，与许多行业一样，"劣质"的母婴企业会因为质量问题、品牌问题、经营问题及诚信问题等，逐渐被消费群体淘汰。

市场关注的主要是"火"，在国家实施二孩政策的同时，大量的母婴自媒体随之诞生，它们通过分享与二孩孕育、养育相关的内容，迅速吸引了大批忠实受众。舆论的推动及相关需求消费者"买买买"的举动，令经商人士认为"市场+政策"必然会产生巨大的商机。各类母婴机构也如雨后春笋般冒出，相关产业链也在这种联动下快速响应，更是推动了近年来母婴企业扎堆获得风投、登陆资本市场的现象。

母婴行业的范围非常广，只要是服务于"母"与"婴"的行业都可以被称为母婴行业。因此从备孕、怀孕到生产，再到生育之后的婴幼儿及产妇的照顾、护理，每一个环节都有大量的机会可以挖掘。例如，孕期可挖掘的有孕妇服饰、孕期教育、胎教仪器及营养品等方面。

很多行业若是能在某一时期将某一垂直领域"做精"就能取得成功，但母婴行业却未必如此。由于生育的特殊性，需求者在这方面的需求时间和次数有限，商家难做回头客的生意。例如，大多数人只会在生育后购买一次婴儿床，生育后只会有一次月子，孩子断奶后就不会再购买奶瓶，孕妇装在生育后就不会再穿。

为了寻求生路，许多母婴企业当前所做的可以被称为"母婴+"。与传统的母婴行业不同，如今的母婴行业已经充分渗入了社交平台，因此能够覆盖女性生育及婴幼儿养育的全过程，使得母婴行业的工作内容从以往的相关用品销售变成为生育过程提供场景式的服务。怀孕对大多数女性来说都是头等大事，母婴社交平台给予了她们相互交流如分享经验、疑惑解答的机会，而女性的天性会令她们在该平台上广交好友，从茫然不知的生育"小白"逐渐成为无所不知的辣妈，对平台的黏性越来越强。

这种母婴社交平台的优势是其他平台无法比拟的。与有些行业单一的购买行为不同，各类具有规模的平台与制造商、电商和物流相结合，能够有效覆盖母婴所涉及的整个周期。同时，由于母婴用户有相对较强的黏性，因此母婴平台更可以延展服务范围，以此增加利润来源。

借助这类平台，母婴实体企业就能够实现精准获客，再通过结合平台大数据分析来进行决策、生产、销售，以降低营销、仓储费用。这对行业的整体发展具有积极的意义。

母婴行业事关国计民生，涉足该行业的企业、个人都需要对孕妇、婴幼儿的人身安全和人身健康负责。笔者认为，国家在鼓励生育的同时，要加大对母婴行业的监管力度，实行对违规企业的零容忍，严惩黑心企业为赚钱而不顾母婴健康的行为。

目前，涉足母婴行业的企业数量已经饱和，但涉及母婴产品的产品质量保障还远远不够。期望母婴产品企业都能做好产品、管好质量、做好品牌，为国家未来的栋梁之材营造一个健康的成长环境，这样，该行业必然也会长盛不衰。

4 孤独不为百花愁 冷眼人生尽参透

　　1967 年,马尔克斯在他的长篇著作《百年孤独》中写道,生命从来不曾脱离孤独而独立存在。无论是我们出生、我们成长、我们相爱还是我们成功或失败,孤独都会犹如影子一样存在于生命一隅。纵观当下,有越来越多的年轻人,习惯了一个人吃饭、睡觉、旅行,把孤单当成"一个人的狂欢",勇敢地加入了孤独经济的大潮中。

　　民政部发布的《2018 年民政事业发展统计公报》显示,中国有超过 2 亿的单身成年人,其中有超过 7700 万的独居成年人。围绕这一庞大的群体,精明的商人早已在第一时间嗅到商机,把孤独变成了一门生意。因此,市场上出现了许多新颖的商业形式,如一人火锅、迷你公寓、自主唱吧等。与孤独经济背景相对应的是,离婚率也在快速提高。根据清晖智库统计,在中国,2018 年的离婚率接近 50%。这种现象,随着经济的转型发展，预计还会在相当长的一段时间内持续下去。

笔者认为，随着网络技术的日益发展，人与人之间的依赖程度将大大降低，大部分人即使没有家人和朋友的帮助，也可以生活得很滋润。但是，一旦有了家庭和孩子，虽然不再孤单，各种烦恼却会随之而来。例如，在深圳，即便你身为富商巨贾，也有可能因为孩子的教育问题而烦恼，毕竟金钱在教育公平面前显得不再那么重要。

孤独经济是怎么产生的？笔者认为，这与中国日渐庞大的独居人口数量有关，他们倾向于通过消费手段来排解内心的孤独，而当这类群体在社会演化中形成一定的群体效应之时，孤独经济就产生了。不难发现，这一市场需求是无比巨大的，因为有接近80%的孤独人士每月至少会花费1000元来排解孤独，有的甚至还会购买价格更昂贵的相关精神产品或服务。

笔者曾看到一则新闻，内容是诞生了中国首只商业克隆猫的服务公司的年收入近2000万元，一周接收五六个订单。该克隆服务公司称，克隆猫定价为每只25万元，而克隆狗定价则为每只38万元。该克隆服务公司还称，在这些消费行为中，客户的情感消费占绝大部分，有人甚至不惜通过借钱方式来克隆自己的宠物。这或与人际交往的"游戏规则"太过复杂有关，沟通徒增焦虑，回到家面对不离不弃的宠物则简单许多。养宠物是一种精神寄托，50%的养宠物的人都把宠物视为自己的"孩子"，这恐怕是狗主人和猫主人愿意花钱克隆宠物的原因之一。在他们眼中，狗、猫的忠诚度比人高很多，并由此与之产生了相互依赖。

2018年日本的一份关于"与人工智能恋爱"的调查报告显示，参与调查的六成日本男性愿意和机器人谈情说爱。他们认为，与虚拟人物谈恋爱消耗的精力远少于跟人谈恋爱，而得到的精神满足和治愈感却并没有因此而减少。其实，这跟美国科幻影片 Her 中的人工智能操作系统"萨曼莎"的故事有些相似。在电影中，它可以向孤独的男主角西奥多提供情感慰藉服务，让双方通过在虚拟环境中的交流产生真情实感。

笔者认为，虽然当前的孤独经济方兴未艾，还衍生出许多个性化的产品和服务，但是未来中国孤独经济的发展前景并不光明。一是大部分单身、独居的成年人并非真正喜欢这种状态，只是还没有找到志同道合的朋友或者另一半，所以宁肯暂时享受孤独；二是孤独经济更多是市场的炒作，它看似顺应了市场需求，实则是营销噱头，目的是让大家为了排解孤独而消费。真正的孤独经济应该朝着促进独居生活越来越健康、越来越丰富的方向发展，这样才能帮更多的单身人群、独居者缓解孤独情绪。

孤独并非与生俱来，可能与我们缺少维系和拓展人际关系的精力有关，也可能与工作及生活节奏不断加快有关。事实上，暂时地享受孤独并非坏事，反而有助于养成独立思考的习惯，总体上有益于身心健康。虽然一些孤独经济的形式可以有效缓解孤独，但也要认识到要想真正摆脱这种情绪，依然要靠自身的努力，而不是外界的刺激。

社会及媒体关注孤独经济现象，出发点是良好的，但是未来更应该朝着正能量的方向去引导这一现象。正视单身群体的现实需求和变化，给予其理性的包容与接纳。因为孤独不一定是永久的，将来他们当中的许多人还是会回归家庭，寻找人生伴侣。总而言之，享受孤独是一种生活的至高境界，也是人生的一种修行，说不定还能够通过独立思考获得灵感，进而对社会做出贡献。

5 文旅有幸成支柱 游客满意是基础

文旅经济，指的是以旅游业、服务业、娱乐业和文化业为主形成的一种经济形态，它是中国经济进入新常态后的主要增长动能之一。中国政府曾多次出台针对性的鼓励政策，因此，文旅经济的发展势头十分强劲。因为有政府扶持和资本发力，文旅经济正迎来黄金时代，成为最值得投资的一个领域。据清晖智库统计，当前中国的文旅经济已形成规模近 10 万亿元级的庞大市场，成为中国的又一支柱型产业。

在中国经济发展增速放缓的背景下，文旅经济不仅对促进就业、拉动消费具有积极作用，而且对传统经济的转型升级也起到巨大的推动作用。照这样发展下去，文旅经济将成为继移动互联网、云计算、大数据等之后的下一个规模万亿元级经济浪潮，席卷全国乃至全球。

为什么文旅经济具有如此大的能量？原因也不难理解。老百姓出去旅行和娱乐，是增加消费、拉动内需的一种方式。例如，每年的黄金周假期，正是在 1997 年的亚洲金融风暴之后，特别为拉动内需而设立的。经过近几年的实践，"黄金周经济"越来越火，消费者在吃、住、行等方面越发追求品质与个性化，相较于以前旅行时的"上车睡觉"和"下车拍照"，他们更愿意把钱花在旅游体验上。

毋庸置疑，文旅经济的红利非常可观，呈现出消费和投资两旺的良好态势。

2008 年，国内旅游人数仅 20 亿人次，而到了 2018 年，国内旅游人数达到 55.39 亿人次，增幅惊人。2015 年旅游业全年完成投资 10 072 亿元，历史上首次突破了万亿元大关，2016 年旅游业实际完成投资 12 997 亿元，呈现出持续增长态势。与此同时，相关部门在 2016 年 6 月下发的《关于支持旅游业发展用地政策的意见》，进一步明确了土地供应向发展旅游业倾斜的政策。因此，相对于中国商业地产发展速度放缓，文旅市场反而因政策的大力支持而高速发展，步入了刚性需求的时代。

如果你不小心错过了文旅经济的这趟列车，可能会错过这个新的时代。虽然当前中国的文旅经济仍然有许多亟须提升与改进的地方，并需要与城市特色和文化发展相融合，但迈过这些关卡，只是时间问题。

文旅经济之所以能够得到政府的政策支持，与其对中国经济健康发展有着明显的推动作用有关。整体而言，文旅经济对宏观经济的推动作用，主要体现在四个方面。

一是在中国实体经济寻求转型再平衡的过程中，与文旅经济相关的业态最先受到影响，其良好的发展前景非常值得期待。例如，万达（大连万达集团股份有限公司）通过卖资产转型，不仅初步实现在A股市场IPO的梦想，而且还实现了轻资产运营，降低了万达商业的资产负债率。万达转型成为以服务业为主的企业之后，企业的发展将会更加安全，未来的营收能力也会依然强劲。万达走上健康发展的轨道后，相关银行的金融风险就会降低，其规模说不定也会越来越壮大。

二是文旅经济对相关经济业态具有促进作用。对实体零售领域而言，文旅经济不仅带来了新的创新模式，还可以整合原有市场，衍生出新的消费模式。

三是文旅经济对消费、就业及企业成长具有积极的促进作用。文旅经济不但对市场具有很强的拉动能力，而且还能够形成持续不断的消费热点，创造出更多的岗位以带动就业。例如，20多年来深耕文旅经济的宋城演艺（杭州宋城旅游发展股份有限公司），2017年披露其净利润达到5.24亿元，同比增长21.26%。通过多年来的稳扎稳打，宋城演艺凭借自身优势，开始成为领跑行业的一支大军。

借助在文旅行业的丰富经验和独特的竞争优势，宋城演艺还延伸其文化产业链，进军影视行业等领域，其未来的成长空间比较广阔，而异地复制项目是十分考验上市公司成长性的。根据笔者的研究，宋城演艺采用的异地复制的模式，基本是在一个项目成功取得投资后才会去异地扩张。而每个地方的文化特质有较大的不同，则是其异地扩张面临的主要问题。只有深挖当地的文化元素，将其与项目进行高度融合，才能确保项目的顺利落地。

四是文旅经济相关业态的发展有利于传统产业结构转型升级。文旅经济对传统产业结构转型起推动作用，主要表现在两个方面：一方面是文旅经济可以调节第二产业和第三产业之间的关系，另一方面是文旅经济能在传统服务产业中衍生出更多新的门类。

总体而言，文旅经济作为社会公众参与度最高的朝阳产业之一，投资风口已经打开，未来前景令人期待。但是我们仍要认识到，当前中国文旅经济的实际供给能力还很有限，具有全球影响力的企业和知名品牌还比较少。因此，未来中国需要从多个层面提升文旅经济的整体实力，力促文旅经济遍地生根。

6 抗癌良药去虚高 鼓励研发不可少

中国抗癌药药价曾经之所以高是由多方面的原因共同造成的，和"国内仿制药性价比低""国内代购不合法""专利权的约束"这三方面都有关系，此外还包括如研发成本高、研发难度大、国际问题等多方面因素。实际上，中国有关部门近年来正积极落实抗癌药降税的后续措施，推动抗癌药加速降价。此前，通过2017年的医保药品目录准入谈判，有15个疗效确切但价格较为昂贵的癌症治疗药品被纳入医保目录，绝大多数临床常用、疗效确切的药品都已被纳入医保支付范围。可以说，这些药品被纳入医保目录是一种进步。

有媒体报道，过去国内医院的药品可在实际购进价的基础上加价10%~15%，这也是部分抗癌药价格高的原因。这是残酷的现实，从仁义道德的角度而言，医院应本着救死扶伤的态度抢救病人，并尽可能降低病人的负担；但从市场化角度来看，医院也需要获得收益，因此会在各种药品上加价，所以最终还是得由购药者来承担价格的压力。简而言之，抗癌药不是感冒药、不是维生素、不是随手就能生产的产品，这意味着需要通过多种手段才可能让抗癌药的价格降下来。

近年来，中国对于抗癌药的降价也做出了努力，如降低关税、扩大医保覆盖面等，这些举措确起到了降低抗癌药的价格的作用，但由于这些产品的价格本身就偏高，因此，其降低的程度对用药人群而言不太明显。也许当我们自己研发出抗癌药，并通过一系列措施惠及用药人群之时，问题才能得到真正有效的解决。

总体来说，专利制度是导致药品价格高的最主要原因，这同时是一个关于生命和市场的问题。药品是用来保护病患人群的，专利制度是用来保护药品研发人群的，两者既"对应"又"统一"。一款药品的研发需要花费大量的资金，最终的研发成果中包含大量的知识产权和研发者的心血，在市场机制下，只有通过销售这些药品才能回本和获得收益。如果没有专利制度的保护，一旦药品的配方、工艺被竞争对手使用，必然会产生劣币驱逐良币的情况，让研发者的投入化为乌有，也会让药品研发者不愿意再去研发，而是等待新药上市之后去仿造。所以，专利保护制度不仅是在保护药品研发人群，也是在保护病患人群。

对中国而言，20年的专利保护期并不长。有专利保护制度才能真正推动中国医疗事业的进步。在市场化的背景下，如果没有足够长的专利保护期，药品研发企业便难以得到充分的保护。但是对海外市场而言，保护期多长由它们说了算。总而言之，因为药品研发投入的成本高，所以外界认为药品原材料价格便宜、价格过高，但药品研发企业为了收回成本不得不定较高的价格，所以让用药人承担了极大的压力。

即便抗癌药研发成本高，也不一定非要有高昂的价格。在自主研发方面，相关部门应该成立相应的奖励基金，鼓励高科技医疗公司参与具有自主知识产权的抗癌药研究。中国也应该鼓励投资机构或民间力量投资参与到药品的研发中，同时需要出台相应的保护政策，保护国产药品（非仿制药）的知识产权。在进口方面，有关部门应该积极与境外机构协商谈判，进一步降低其中可能产生的各种费用，努力降低用药者的购药成本。

至于为什么国内厂家研发的仿制药未像印度仿制药一般受到较多受众的拥护，这是一个复杂的问题。由于技术限制，即便药物的成分相同，药效也不一定相同，例如，石墨和金刚石都是由碳分子组成的，但两者的物理性质有极大的差异。同理，即便是药物成分相同，工艺的不同也会导致药效不同，或许有可能会提升药效，也有可能会导致药效变弱，还有可能维持药效不变。在仿制药不能确保药效的情况下，生活不富裕的用药人群当然不愿意花"冤枉钱"购药，但如果有明显药效，仿制药自然也会得到很好的推广。

抗癌药被纳入医保、发展仿制药和加快药品审批等政策，从理论上来看，肯定是有一定效果的。希望相关部门能够进一步提升这方面的工作效率，让用药人群能够尽早享受到这些政策带来的更多便利。

7 金融普惠降成本 信保监管讲规范

由于欧美国家超前消费的意识比较浓厚，当地的小额贷款有着较大的市场，因此也衍生了不少专注于小额个人无抵押消费的贷款方式，这种贷款方式在中国被称为"信用之下的普惠金融"。信用是无形的，在数字经济时代，信用对我们而言越来越重要。

对于金融机构而言，以往的信用良好并不代表未来会继续良好，这是一种风险承担。要想化解这种风险，就需要通过金融创新的模式，即信保业务。当前，国内个人信保业务主要包括个人住房消费贷款、个人汽车消费贷款、耐用品消费贷款及旅游消费贷款等业务。

从中国现有的金融体系如征信体系、金融企业规范化程度、金融机构实力等方面来看，信保业务还处于发展初期阶段。要想实现信保业务，就需要将"信用险"和"贷款"方式相结合。对于绝大多数金融机构而言，其规模和实力都难以与信保业务的基本要求相匹配，相对而言，大型、业务分支广的金融机构更有发展信保业务的"底蕴"。

互联网金融点对点借贷（Peer to Peer Lending，P2P）平台也是普惠金融中的一种，其操作相对简便，具有较多的参与者，且通过互联网便可以参与其中。与传统借贷平台相比，大多数 P2P 平台不需担保或者抵押，仅依靠申请人的信用进行申请，大大简化了在银行贷款时传统的借贷手续。但 P2P 平台提供的借贷和投资方式相较于以往方式，成本和收益都要高得多，这也导致 P2P 平台会面临不少令人头痛的问题，加上 P2P 平台的运营并不简单，因此，有不少的 P2P 平台也因为运营不规范而倒闭。

P2P 平台运营出现问题的原因有三个，一是风险审核难，二是贷后管理难，三是催收追偿难。而信保业务无论在规范程度、技术层面还是实操方面，都要优于 P2P 平台。这是因为信保业务的主要优势有两点，一是可以为借款人的财务状况和偿还能力兜底，进而让更多的人享受到普惠金融；二是可以大量减少金融机构的坏账，将风险大幅降低。为达到上述优势，信保业务必须要求借款人和金融机构受到相关限制条件的约束，例如，个人客户的年龄、工作或居住时间、职业的稳定性、月收入及综合征信情况等。只有符合一定条件的客户，才可以选择适合自己的产品。简单来说，信保业务就是在申请适合自己的小额贷款的同时，还需要购买一份保险，保险期和贷款期一样长，客户需要一次性支付保费。

对于已经开展信保业务的大型金融机构而言，它们可以通过自有渠道获得优质的一手客源。这种自有渠道主要有两种，一种渠道是软件，包括手机 App 和个人计算机（Personal Computer，PC）客户端，信保业务机构可以和母公司或兄弟单位展开合作，在客户端入口广告及其他显眼的位置设置信保业务的入口，以此将母公司或兄弟单位的客户转化成自己的客户。通过这种获客模式，可以丰富银行个人贷款产品的种类，有利于降低银行的放贷风险。另外，信保业务通过这种方式获得的客户资源也是比较有保障的，因为客户已经在银行等机构登记了必要的个人信息，而且在同一系统中进行信息交流也相对容易。

另一种渠道是信保业务企业的自媒体，它们可以通过自有自媒体及母公司、兄弟单位的自媒体进行推广，并置入相关链接。这两种渠道并没有什么特别之处，主要靠金融机构的规模和资源来实施推广。虽然还有很多方式可以吸引潜在用户，但考虑信保业务的主要获客方式在线上，且普惠金融获客成本一度被媒体披露曾达到 100 元一位，这对资金不够雄厚的企业而言，信保业务较难开展。如果推广费用不成问题，那么通过多元渠道如电销渠道、网销渠道、大型电商渠道，均可实现理想的获客效果。

除了获客，还需要留住用户。在市场的激烈竞争中，单一产品、单一渠道已无法满足众多客户的需求。信保业务一方面需要细分客户需求，根据客户的不同风险进行个性化的风险定价，另一方面需要跟踪客户在不同业务接触点的满意度，着力改善节点体验，提高客户满意度。随着科技的发展，大数据也将在信保业务中发挥重要作用，其能有效降低获客成本和风控成本，帮助那些有信用、有真实需求的个人与企业获得成本合理、方便快捷的金融服务。

8 健康产业忌投机 良性有序能长远

生命健康产业在中国已经不是新兴产业，就如同曾红极一时的团购、众筹、网贷及教育行业一样，行业在快速发展的过程中总会经历冰火两重天，良莠不齐的局面导致强者恒强、弱者恒弱，只有大浪淘沙过后拾起一地鸡毛，才能洞察行业发展之难。

生命健康产业是什么？从 2016 年中共中央、国务院印发的《"健康中国 2030"规划纲要》可以看出，生命健康产业是一个极为宽泛的产业，涉及健康教育、公共卫生服务、医疗服务、医疗保障体系、药品供应保障体系、环境问题、食品安全、公共安全、健康休闲运动产业、健康科技创新及健康信息化服务体系等。细化来看，还包括合理膳食、心理健康、控烟限酒及防治重大疾病等。

广义上的生命健康，贯穿了我们日常的衣食住行、人的生老病死，其未来前景、覆盖的产业人群及动辄万亿元以上规模的产值，自然令投资者羡慕不已。然而，该产业的特殊性在于，其所涉及的行业太多、太广，注定没有个人或企业能将全生命健康产业所覆盖，只能介入其中某个行业，这也是不同企业看似做着不同事业，却都称自己是生命健康产业领军者的原因。

生命健康产业领域中哪个行业最有前景？目前无法回答。生命健康产业之所以红火，是因为其建立在庞大人口红利之上。数量庞大的潜在消费者群体令商业嗅觉敏感的商人发现，二孩政策"释放"的儿童人群及社会上不断增多的老年人群体都有一个共同点，即所产生的消费行为全部由中、青年人群买单。一方面，这两类人群有必不可少的消费，如婴儿必不可少的奶粉、儿童必不可少的教育、老年人必不可少的护理；另一方面，中、青年人群极其愿意为子女及父母买单，抚养子女及赡养父母，既是道德层面义不容辞的义务，也是法律层面不可推卸的责任。

上述两类人群所涉足的生命健康产业都有一个共同的特点，即都是长周期行业，前期投入大，回本时间长，长期来看潜力巨大。可又正是因为长周期的原因，许多投资因为迟迟不能收回成本而难以为继，因此，时常有企业在百舸争流的浪潮之中不见踪影。没有雄厚的实力，就难以在生命健康产业发展的洪流中占据一席之地。

生命健康产业领域的不同垂直产业，有着不同的成熟度。有些产业已经成熟，如针对某些单一人群的医疗用品；有些产业还在探索之中，如养老服务。

每一个人都会变老,我们所在的这颗星球的各区域都在出现人口老龄化加剧的现象,因此,很多机构都认为养老产业是蓝海一片,事实上并非如此。笔者曾见证多家养老机构在开业时信心满满地喊出"三五年内上市"的口号,却在数年后因为经营困难、管理不善、运营受阻等问题退出了市场。

这些快速离场的机构共同特点如下:

一是服务人员不专业,即便为老年人提供服务的护理人员受过专业的训练,也因为其专业程度不高、服务不够贴心而达不到老年人的要求,导致老年人对这些机构颇有不满。老年人需要的是实际的服务,营销人员甜言蜜语式的营销只能让老年人一时心动,却不是留住老人、令赡养人放心的利器。

二是不懂老年人心理。养老机构为老年人提供的服务,往往就是配置床位、提供服务人员,然后在机构中设立一些休闲娱乐场所,认为老年人在这种衣食无忧的环境中生活会是一种享受。事实上,老年人心中想什么、需要什么样的服务,机构都没有用心去想。没有经过社会心理学学习的护理人员,就算苦思冥想也想不到老年人需要什么。

三是对老年人的服务管理不周全。由于一些养老机构未能在老年人出现状况时进行妥善处理和救治,导致有些身体健康的老年人在养老机构离世。一方面养老机构对因服务不周、管理不善导致老年人离世有着不可推卸的责任，另一方面养老机构会因为老年人的离世问题导致其品牌形象崩塌。老年人身心的特殊性，使得养老不能仅仅是一种看护，还需要将医疗、养护、康复等环节相结合。

四是管理制度不健全。内部机构设置不合理、服务人员薪酬体系不合理、员工激励制度不合理等都是养老机构管理制度存在问题的具体表现。有这类问题的养老院只看到未来利益，忽视自身体系建设，即便生意一时红火，也会因为自身管理不善而出现员工流失、内部冲突、财务紧张等一系列问题。

五是机构建立目的不纯。虽然建立养老机构的最终目的是获取收益，但经营者必须把养老的公益属性放在首要位置。想方设法从老年人及赡养人手中不断榨取利益的行为，会在养肥养老机构的同时给老年人的家庭带来极大的负担，并且违背了老年人、子女选择养老机构的初心，继而使他们厌倦、憎恶、恐惧养老机构。

要想解决这些"通病"，还需要锲而不舍的努力。

养老服务其实不只养老机构这一种形式，在生命健康产业领域与养老有关的产业中，老人使用的器械、食品、药物等都可以作为养老服务产业去发展。此外还有很多养老垂直产业，如老年大学、老年茶馆、老年棋牌场所等。

人们最耳熟能详的养老产业的代表是养老院，这是未来极为红火的产业之一，原因有三点。第一，养老院将成为各种"非现场型"养老产业的汇集点。要照顾好老年人，养老院需要设置老年人专门使用的器材，让他们来锻炼和康复身体；需要专门准备适用于老年人的食品来补充老年人的营养；还需要准备适用于老年人的药品，以便在他们出现状况时进行合理救治。第二，养老院更便于锁定服务群体，与药品、食品机构不同，养老院更方便实现与老年人面对面的交流，了解老年人的诉求。具备一定实力和规模的养老院更可以为经济实力强的老年人进行"私人定制"。第三，养老院可以全天24小时守候老年人，不像家中保姆会因外出、休息等原因而离开老年人。养老院还能时刻将老人的身体状况传达给赡养人，并根据赡养人的要求照顾老年人，令赡养人放心。

养老院为老年人提供养老服务的客观优势就是能够为老年人提供舒适的养老服务，其在理论上会成为未来空间广阔的、收入丰富的、具有社会意义的重要产业。

养老院的重要意义是基于社会来看的，若是从现实来看，养老院未来或许也会是状况极为惨烈的行业之一。其一，中国的老年人有养老需求，但缺少进入养老院的需求，作为习惯于节俭的老一辈，他们更倾向于居家养老，因此，以当前的老年人群体作为目标群体，效果不会太好。

其二，养老院等养老机构在中国虽然已有较久的历史，但对中国老年人而言还是一种新鲜事物。养老服务既没有明确的国家标准，也没有清晰的行业标准，良莠不齐的养老机构相互竞争，使得行业越来越乱。

其三，养老院的模式不容易实行轻资产运行，前期往往需要大量的资金投入，并配备大量设备、器材、人力，回报期可能长达十年以上。加上行业参与者多导致竞争激烈，以及中国企业最喜欢使用的价格战、补贴战等竞争手段，导致养老院初期的资金成本巨大。资金实力不足、过于依靠融资、流动性差的机构，将因滚雪球般越来越大的资金压力告别该产业。

其四，在人们的维权意识越来越强的情况下，老年人在养老院的休养过程中无论出现什么问题，其责任都会归于养老院。就如同医院要努力处理好医患关系一样，养老院也要妥善处理好与老年人、家属及媒体之间的关系，否则难免会出现疲于危机公关、无暇做好本职工作的情形。

如同教育机构在孩子刚出生的时候就向家长推广培训课程一样，养老院需要关注的不仅是当下的老年人，还可以是即将在数年后退休、身体不太好的在岗人员。原因很简单，并非所有儿童都会接受校外培训机构的培训，也并非所有老年人都有在养老机构养老的需求。

随着人们生活水平的提高，老年人对养老的需求只增不减，养老机构只有不断创新服务模式，才能满足老年人不断增加的养老需求。 例如，在人口老龄化的过程中，二孩政策的开放令中、青年处于"上要养老""下要养小"的状态，这些机构是否能够研究出一种模式，能同时照顾好老人和儿童？

此外，有很多老年人身体不适，他们如果住进养老院，这些养老院是否能在为他们提供养老服务的同时，还提供专业的医疗服务？在老年人养老的过程中治疗他们的疾病、缓解他们的病痛，是许多老年人的真实需求。据了解，目前已有养老院根据老年人的这种需求，将养老场所和医院相结合，将护理人员和医务人员相结合，为老年人提供健康养老的综合服务。深业沙河（集团）有限公司建设的深业生命健康中心，就是在对这种模式进行探索，至于效果如何，还有待时间的检验。

专业化是未来的必然趋势，不止生命健康产业需要专业化，各行各业都需要专业化，才能让服务对象放心。要想管理好养老院，"硬件"和"软件"都需要进行专业化升级。

"硬件"指的是场所、设备及服务人员等。老年人和中、青年的习惯多少有些不同，因此，养老院的布局、动线设计、物品摆放等，都要贴近老年人的偏好。服务人员不能只是懂护理，而是要懂老年人护理。由于服务对象体质较弱，执行如搀扶、推拿、过床等护理方式时都需小心谨慎。有了可靠的设备、可靠的人，才能实现可靠的保障。

"软件"指的是体系、制度、流程及作业指导等，例如，必须加强护理规范、餐饮规范及运动规范，以保障老年人日常生活的安全。再如，治疗流程、重病急诊应急方案、重大疾病转院救治应急措施等同样也需要面面俱到。

养老的字面意思很简单，即照顾老年人以让其安心休养，但做起来却难度极大，相信未来通过市场的洗礼，优质的养老品牌会被人们熟知，只是在这个过程少不了要缴天价"学费"。理性来看，未来的养老产业不会像人们想象得那么红火，但优质品牌对用户而言又会是"一票难求"。专业强、服务好、质量高、品牌优，真心实意为老年人和社会着想的企业，未来的价值必定不菲。

9 贸易强国有实招 创新驱动助领跑

中国贸易发展迎来顶层设计阶段。2019年11月,中共中央、国务院发布了《关于推进贸易高质量发展的指导意见》(以下简称《意见》),《意见》从优化贸易结构、培育新业态、建设平台体系等十方面具体阐释了当前中国贸易高质量发展的方向。同时,《意见》明确,到2022年,贸易结构将更加优化,贸易效益将显著提升,贸易实力将进一步增强,建立贸易高质量发展的指标、政策、统计、绩效评价体系。对此,笔者认为,《意见》的出台适逢其时,为推进贸易的高质量发展指明了"路线图"和"时间表",为稳定外贸及贸易强国的实现提供了有力支撑。与此同时,对于促进中国产业转型升级、吸收先进管理经验及改善民生具有重要意义。

当前,中国已经成为名副其实的贸易大国,正在朝着贸易强国加速前进。据清晖智库统计，自2009年以来，中国已连续十年位居世界第一大货物贸易出口国和第二大货物贸易进口国，连续六年位居世界第二大服务进出口国。另外，据WTO统计，2018年，中国是世界服务贸易第二大进口国和第五大出口国。具体来看，2018年，中国货物进出口总额由1978年的206.4亿美元增至4.62万亿美元，服务进出口总额从1982年的46.9亿美元提高到7919亿美元。

据海关部门统计，2019年前10个月，我国进出口总额达25.63万亿元，同比增长2.4%，延续了平稳发展的态势。其中，出口总额达13.99万亿元，增长了4.9%；进口总额达11.64万亿元，微降了0.4%；贸易顺差总额达2.35万亿元，提高了42.3%。在当前国际环境和国内发展条件都发生了较大转变的背景下，《意见》提出的驱动贸易高质量发展，非常及时且十分有必要。

具体来看，笔者认为其具有三个方面的深远影响。一是《意见》把创新驱动放在了突出位置，此举不但可以推动新兴产业的发展，提升中国品牌的影响力，而且还有助于培育具有全球影响力和竞争力的产业集群，对推进贸易的高质量发展至关重要；二是《意见》着重强调了跨境电商、市场采购贸易方式等新业态，并提出了推进跨境电子商务综合试验区建设等三大举措，让我们对未来的发展空间充满想象；三是中国将更加重视进口的作用，积极扩大进口，一方面是为了满足国内消费者对进口商品的需求，另一方面也是为了让世界各国分享中国的发展机遇，可谓一举多得，实现多赢局面。

笔者认为，当前中国贸易发展所面临的压力和机遇并存，同时还有一些困难亟待破除。具体来看，中国外贸发展的最大优势仍是价格，但与此同时，中国企业正在提高以技术、标准、品牌、质量及服务为核心的综合竞争力。中国外贸发展的最大劣势是品牌溢价较低，与品牌溢价较高的发达国家相比，还有相当长的一段路要走。未来，中国外贸发展仍面临诸多困难，预计短期内所处的外部环境不会发生太大的方向性变化，贸易保护主义将依然延续，全球经济低迷、全球产业链分工调整等因素将会继续制约中国外贸的增长。

未来，中国与"一带一路"沿线国家和地区贸易往来将不断扩大，一大批重大合作项目即将落地，中国贸易发展的新增长点很可能就在于此。实践证明，"一带一路"倡议在世界范围内促进了贸易投资，推动了经济合作，也为世界经济创造了新的增长点。世界银行等国际机构的研究表明，"一带一路"倡议将使全球贸易成本降低 1.1%～2.2%，中国—中亚—西亚经济走廊上的贸易成本降低 10.2%，还使 2019 年全球经济增速提高至少 0.1%。

《意见》还提出要进一步优化商品结构，大力发展高质量、高技术、高附加值产品的贸易，不断提高劳动密集型产品的档次和附加值，加快推动智能制造，逐步从加工制造环节向研发设计、营销服务、品牌经营等环节攀升，稳步提高出口附加值。全国各制造业和外贸大省（市、地区），应结合当地实际情况，创造性地落实好这些措施，同时把发力点放在人才引进、培养和留住人才等方面，并通过行之有效的行业政策鼓励企业用完善的晋升体系、激励机制及"产学研"合作制度吸引更多的专业人才，为当地制造业和外贸业的长远健康发展储备更丰富的人力资源。对于有上市意愿的企业，当地政府还应积极鼓励，以借助资本市场的力量提升整个企业的核心竞争力，并推动企业职能逐渐向研发设计、营销服务、品牌经营等环节靠拢。

未来，随着中国逐渐由"世界工厂"向"世界实验室"转变，中国制造业的品牌效应将会再上一个台阶，制造业的品牌数量、价值和综合影响力也必将逐步位居世界前列。

第 5 章

夜阑卧听风吹雨
坐稳床头看未来

1 临港新区毗香港 再创发展新天地

2019年8月,国务院在印发的《中国(上海)自由贸易试验区临港新片区总体方案》中,正式确定在上海浦东临港新片区启动自由贸易园区。

显而易见,临港新片区对标的是中国香港和新加坡的自由贸易区(以下简称自贸区),因为这两者是当前真正符合自由贸易所有要素的自贸区,即自贸区内贸易不征税、贸易款自由进出、货物进出无须报关等。与此同时,在临港新片区的政策中,对其未来的发展阶段也进行了明确规划:第一个阶段是到2025年形成比较成熟的制度体系,第二个阶段是到2035年成为深度融入经济全球化的重要载体。因此看来,临港新片区要想实现真正的自由贸易,还有相当长的一段路要走,未来还需要不断探索和不断调整。

设立临港新片区，是中央总揽全局做出的进一步扩大开放的重大战略部署。从该政策中可以看到中国扩大开放的坚定决心，亦体现出中央对于建设上海自贸区新片区的信心。在当前中美贸易变化不断的背景下，临港新片区的启动意义重大，它势必将成为中国扩大开放的一个新的发力点。另外，此次物理空间扩围的背后，并非直接"复制"原有自贸区适用政策，而是由"投资贸易便利化"向"投资贸易自由化"的历史性升级。

对我们而言，最关注的应该是临港新片区能否有效配置全球资源，实现再造一个新浦东的愿景。笔者观察到，临港新片区的总体方案有很多制度上的创新和提升，定位更加明确，在全国层面来说，属于独此一份。根据规划，上海临港新片区的发展目标是到 2035 年区域生产总值超过 1 万亿元，由此可以看出上海对将临港新片区打造成新浦东的信心十足。

正是由于临港新片区万众瞩目，再加上许多政策属于首创，定位也更高，所以在各项改革任务的落地实施过程中，需要格外注意以下三个方面的问题。

一是吸引人才的力度一定要大，要"不拘一格降人才"。在"抢人大战"愈演愈烈的当下，符合相关条件的各类人才，在深圳落户最快只需要 3 分钟，买房还能够打 5 折，而在临港新片区，此前核心人才"居转户"（居住证转户籍）却需要 3 年，临港新片区人才则需要 5 年，其他相关人才则需要7年。不难发现，临港新片区在聚焦和吸引国内外人才方面，已经落在了部分一线城市后面。从国际范围来看，当今世界各国之间的竞争，归根结底还是人才的竞争。若不能够尽快打造出更具吸引力的人才发展环境，临港新片区未来将面临巨大的外部挑战。

二是构建金融风险防控体系，防范金融风险。由于临港新片区将试行更加开放、更加便利、更加自由的金融政策，相关金融开放措施亦将优先在临港新片区落地。在这个过程中，区内面临的金融风险就会越积越高。因此，如何打赢金融风险防控攻坚战，是摆在临港新片区面前的一大难题。针对临港新片区的金融风险防控工作，建议在进一步强化金融风险源头防控和事中监测的基础上，尽快建立并完善区域金融风险防范系统，并协同市场监管、公安部门做好预警处置等相关工作。为区域金融的稳步创新奠定坚实基础，打造金融开放创新的新高地。

三是不宜操之过急，临港新片区的发展最好循序渐进。本次新增设的临港新片区自诞生之日起，便对标全球最高标准，承担起了塑造"更具国际市场影响力和竞争力的特殊经济功能区"的开放使命，备受外界关注。对于临港新片区的发展，笔者认为，保持责任感和紧迫感有助于加快推进自贸区建设，形成一批可复制、可推广的制度成果，进而为全国发展大局做出更大贡献。但在发展的过程中，应该结合实际情况，形成梯次递进、互为补充的健康发展格局，不能因为海外投资者希望自贸区发展得更快一些而脱离实际。

总而言之，循序渐进、滚动向前发展是临港新片区最好的选择。特别是在当前国际经济环境不确定性较大的背景下，加速推进临港新片区的建设，反而会积累较大的金融风险，也与自贸区发展的"承前启后"的切实需求相违背。

科创新板有重托 助力强国立正位

随着黄浦江畔一记铿锵有力的锣声响起，被视为中国资本市场头号工程的科创板于 2019 年 7 月 22 日正式开市交易，标志着中国资本市场正式进入科创板时间。从 2018 年 11 月 5 日中国提出在上海证券交易所设立科创板并试点注册制，到科创板首批企业正式挂牌上市，只有短短半年多的时间。相信依托科创板，中国将会有越来越多的科创企业在这片沃土上茁壮成长，为打造科技强国及实现更高质量的经济发展做出更大贡献。

当前，创新驱动是世界经济发展的大势所趋，在中国经济进入新常态、粗放型增长方式难以为继的新背景下，必须依靠创新驱动，才能打造新的发展引擎。创新驱动是一个系统工程，需要制度和环境支持。其中，资本是"源头活水"，扮演着非常重要的角色。从市场定位来看，科创板就是要优先支持符合国家战略、拥有关键核心技术、科技创新能力突出的成长型企业。这一定位，决定了拥有人才、资本等诸多优势的企业，能够更快地在科创板崭露头角。

没有"硬科技"的企业，想在科创板上市几乎是不可能的。所谓"硬科技"，主要是以人工智能、航空航天、生物技术、光电芯片、信息技术、新材料、新能源及智能制造等为代表的高精尖科技。

之前，中国资本市场的确培育出了许多世界级的高科技企业，但是它们几乎都选择了在海外上市。原因无外乎是中国对拟上市公司的盈利能力要求十分严格，上市门槛相对较高，特别对尚未盈利的科技、媒体和通信（Technology，Media，Telecom，TMT）企业而言，更是如此。因此，要想把这些最好的公司留在中国上市，就必须对中国资本市场进行全面深化改革，而设立科创板就是这项改革的突破口。

在制度创新方面，上海证券交易所在科创板试点注册制是IPO市场化改革的一项重大突破。与上海证券交易所和深圳证券交易所不同，在科创板上市无须监管机构审批，同时还允许未盈利企业、同股不同权的企业上市，让创始人保留对企业的控制权。这些举措对一些具有潜力的科技企业而言，等于在资本市场上多了一个选择。过去，这些企业更多是前往海外的资本市场进行融资，而现在在中国市场就能够完成。这样一来，便能与实体经济特别是新经济的发展相适应，其示范效应是巨大的。

那么，对于那些尚在成长阶段的海外上市公司而言，它们是否有足够的动力回归中国市场或者发行中国存托凭证（Chinese Depository Receipt，CDR）呢？笔者认为，这两种的可能性都很大。相对来说，中国市场的高估值、高溢价，对海外上市的高科技企业是致命的诱惑。但同时也可能会有海外上市企业暂不考虑回归中国市场或者发行CDR，毕竟它们已经适应了国外资本市场的环境，熟悉了国外资本市场的游戏规则。有一些可能担心回归中国市场会发生"水土不服"等问题，而放弃在科创板发行CDR的机会。此外，有一些海外上市企业的核心业务在国外，为了专注于海外市场的发展，它们也会选择放弃回归科创板。

特别需要指出的是，科创板对主板和创业板产生的资金分流效应，也是客观存在的，特别是对绩差股及流动性较差的股票构成的资金分流影响很大。但对优质的主板和创业板上市企业而言，分流的影响则很有限。此外，需要再次提醒的是，科创板虽然实行注册制，但是对于一些有问题的公司监管机构还是应该有所把控，坚决不能让一些企业"带病"上市。当前，科创板由于是新设板块，从监管到市场都不成熟，尚存在信息披露等方面的"缝隙"可钻。未来，公司借机上市圈钱可能还是科创板存在的主要问题，对此监管机构需要密切关注。

作为"历史见证者"的首批25家科创板上市企业，在科创板鸣锣开市之后，其相关企业代表共同做出了庄严的承诺："我们一定要牢记'四个敬畏'，坚守'四个底线'，不忘初心、牢记使命，和证监会、上交所密切合作，做深化改革的先行者，做科技企业的排头兵，为国家科技创新做出更多的贡献，不辜负投资者和社会各界的信任和厚望。"笔者真心希望他们能够说到做到，不辜负市场各界尤其是来自中小投资者的期望。

3 容才终能聚人心 城市熔炉有感情

"发展是第一要务,人才是第一资源,创新是第一动力",习近平总书记在 2018 年全国两会期间,参加广东代表团审议时所强调的三个"第一"的重要论断,进一步深化了我们对新时代中国经济社会发展规律的认识。自古以来,人才一直是生产力中的关键要素,高水平人才对社会甚至是对时代的发展,都起到至关重要的作用。

或许是因为意识到了这一点,如今无论是超越了中国城市发展平均水平的一线城市,还是二三线城市,甚至是一些小城市,对人才的重视程度都超越以往,纷纷加入了人才抢夺的行列中,希望能够通过提出的一系列优惠政策,吸引人才来到各城市。更重要的是,作为城市发展和创新的重要资源,人才有助于城市后期的经济发展,对城市 GDP 有积极的推动作用。

各城市疯狂抢人，也说明了一个无奈的事实：即便中国通过高校扩招，培养出了一大批本科生、硕士生及博士生，但真正有才干的人才依旧稀缺。若有足够多的人才，他们在各线城市的分布将呈现正态分布，即便是小城市也会有人才进入。然而正是因为人才数量不足，所以在政府不干预的情况下，人才难以进入小城市。这也说明，城市对人才的追求，主要还是归因于中国人才数量的不足。从中国当前发展情况来看，未来的人才争夺战还将进一步升级，"过火"的人才争夺战加剧对社会而言并非完全是好事，人才争夺战必然会导致巨大的"人才泡沫"。

在短时间内扭转人才数量不足的局面并不现实，要想让各个城市获得更好的发展，在供需并不匹配的情况下，人才自然是"价高者得"。各个城市应该意识到，人才的匹配需要与城市的发展程度相匹配，或者与城市下一步的规划相匹配。例如，对一线城市而言，它们需要的人才是高层次人才，这些人才要来自各行各业，而且能力、水平越高越好。与大多数其他城市不同，一线城市的发展是综合实力的发展，未来需要在各方面都有所突破，因此需要更多、更专业的人才来推动方方面面的发展。海外名校毕业的高水平人才也好，国内培养的顶尖人才也好，获得世界顶级荣誉如获得诺贝尔奖的专家也好，一线城市对这些人才的需求是"多多益善"。而且一线城市的政府有资金、有底气请得起这些人才，也驾驭得了这些人才。

对于普通城市而言，如果它们也加入争夺高水平、高层次人才的大军,反而不利于城市未来的发展。古人云,"杀鸡焉用宰牛刀",影响力大、竞争力强的人才若是驻足小城市,各种不匹配的资源将束缚其手脚,令其难以大展身手,更别提其对城市发展的作用了。因此,一线城市抢一线人才,二线城市抢二线人才,小城市抢一般人才,才是正确的思路。如果引入的人才并不匹配城市现状或未来发展需求,如在需要生物科技人才的情况下引入大量计算机人才,会造成资源浪费,对双方的短期发展都会造成不利影响。

所以,城市在争夺人才时需要保持理性,并不是什么样的人才都要积极争抢,也不能不惜一切代价去吸引人才,而是要有方向、有计划,以相应的匹配条件去吸引人才。因为抢到人才并不是关键,留住人才才是解决问题的关键所在。

人才是市场资源,有很大的流动性,既然一个人才能够从其他城市"挖"过来,也有可能被另外一个城市"挖"过去,过客般的停留对城市未来的发展难有实质性意义。所以,城市需要想方设法留住人才,令人才长期在城市中发挥力量,或为城市培养自己的本土化人才,这样才能将人才的作用发挥到极致。

留住人才的关键无外乎两点:物质生活和精神生活。在物质生活方面,钱不能少给,发放符合市场标准的薪酬是对人才的一种承诺,也是对人才的诚意。在精神生活方面,要尊重人才,让人才能够享受在这座城市中的生活,让他们愿意在城市中安家立业。

4 工业互联成大器 脱胎换骨着新衣

从2015年开始,中国为推动工业互联网的发展,先后出台了一系列政策。2018年7月,工业和信息化部印发了《工业互联网平台建设及推广指南》和《工业互联网平台评价方法》,从细则上对工业互联网的发展指明了发展路径。2018年8月23日,工业和信息化部召开了工业互联网推进工作全国电视电话会议,要求分别从推进地方工业互联网发展、监管管理和绩效评估等五方面,全力推进工业互联网建设工作。这表明自2015年以来,工业互联网的发展已经进入实质性发展阶段。

中国政府对工业互联网的发展非常重视,并不断通过支持和引导推进工业互联网在中国的发展。当前来看,在制造企业方面,在A股市场上市的富士康工业互联网股份有限公司,就是富士康依托制造业经验布局的工业互联网平台,意在为中小企业制造商提供服务。

主营业务不属于制造业的互联网企业也在布局工业互联网平台。例如，2018年8月24日，阿里云联合中国电子信息产业发展研究院、重庆南岸区人民政府，三方共同发布了"飞象工业互联网平台"。据悉，该平台将在3年内接入100万台工业设备，在5年内助力重庆4000家制造企业实现"智造"。此外，还有不少企业和机构都在积极推进和工业互联网相关的产业生态的建设。

据清晖智库统计，国内有工业互联网平台近270个，涉及工业企业、软件企业、自动化企业等多个方面。这些平台在中国起到了推动行业变革、促进产业转型升级的作用。

虽然近几年中国的工业互联网发展速度迅猛，但基础依然相对薄弱，暂时无法实现万物互联。一方面，这是因为中国自主研发的水平还不足，缺少关键的核心技术，这不仅和中国的技术水平相对不够先进有关，还和中国缺乏相关的硬件专业人才有一定的关系。另一方面，是因为中国的软件技术也尚不"完美"，加之各个工业互联网平台之间并未完全做到资源共享、信息互联，因此，都只能依靠自身的经验摸石头过河。

此外，中国众多企业对工业互联网的认识还不够，很多企业对互联网的理解还处于入门阶段，只会使用互联网的基础功能。工业互联网蕴含着大量的商机、信息和资源，能够为企业带来重要的价值，但不少企业因担心"互联网会导致信息泄露"而畏首畏尾，未能意识到工业互联网这把"双刃剑"的作用"利大于弊"。

在国家层面上，随着互联网、万物互联越来越普遍，网络安全问题也越来越不容忽视，尤其是在目前互联网安全领域的体系、制度、法律等方面还不够完善的情况下。

也有工业互联网做得相对较好的城市，如东莞。东莞是一个以制造业立市的城市，在发展工业互联网上有得天独厚的产业基础。2018年6月，东莞市工业和信息化局提出，要在2020年将东莞建成广东省领先的工业互联网应用示范基地。实际上，无论东莞的企业还是广东的企业，还是全国其他省市的企业，都不能一味满足于现有的优势，而是要考虑如何结合自身实际与工业互联网融合。

在相关政策方面，地方政府需要高度响应国家政策，重视工业互联网在当地的发展和布局，因地制宜地推出更加具体的指导意见和工作计划，为工业互联网平台的建立和布局提供支持。在企业教育方面，通过提供政府宣讲等相应教育，以及官方媒体提供积极、正确的信息，令企业在工业互联网逐步发展的情况下意识到其重要性，逐步融入工业互联网当中。

企业要想抓住机遇，不宜"吃老本"，更不宜抱着原有的优势不放，而是要积极主动地接触工业互联网。就如同很多"心灵鸡汤"所写的一样，"你改变不了环境，就让环境改变你"。在瞬息万变的市场中，制造企业如果无法改变环境，就应该适应环境，融入工业互联网将是大势所趋。

5 欲求消费靠创新 用户满意是砥柱

从中国现阶段的发展情况来看，消费对促进经济增长的作用在不断增强，《2018年国务院政府工作报告》指出，"五年来，经济结构出现重大变革。消费贡献率由54.9%提高到58.8%，服务业比重从45.3%上升到51.6%，成为经济增长主动力"。国家统计局在2018年7月16日发布的数据显示，中国2018年上半年消费对经济增长的贡献率达到78.5%，比2017年同期提高了14.2%。

简单来说，消费就是一种购买行为，这种行为的产生至少基于三个前提条件。第一，买方有足额的资金或可以透支可承担的足额资金；第二，卖方要有商品；第三，买方有购买卖方所售商品的需求或有购买商品的欲望。只要这三个条件中缺失任何一个，就无法形成消费。近年来中国的消费水平有所提高，主要原因在于人们可支配收入的提高及消费观念的改变。在可支配收入提高的情况下，虽然居民储蓄也在增加，但在储蓄之后的余额也在增加，因此，居民可选择的购买对象也会增加。不少"80后""90后""00后"消费者的消费理念与20世纪70年代及之前出生的人们的消费理念有所不同，他们并不会有过多的储蓄，并在追求精致生活的过程中产生了大量消费。再加上物价上涨等因素，中国的消费规模自然会不断增长，为GDP做出贡献。

随着生活水平的提高，人们的购买能力虽有所提高，但在消费者越来越挑剔的情况下，并非所有的商品都有市场，商品必须从多方面提高自身品质和品牌知名度，才有可能获得消费者的认可。在这种背景下，商品制造商被倒逼不断提升原材料质量、生产工艺水平、生产技术水平等，努力迎合消费者喜好，制造有质量保证的商品。也就是说，消费水平的提升推动了商品质量的提高，商品质量的提高又在一定程度上提升了消费水平，形成了良性循环。需要注意的是，商品质量的提高与投资的关系相对密切。

如果消费者没有购买商品的需求，以至于商品无法销售，库存积压，微观方面会导致资金难以周转，宏观方面则会对经济造成压力，因此，商品生产者更需要了解市场实际所需，将投资用在实际可行的产业链上。中国目前在进行的供给侧结构性改革，是在减少库存的同时寻找潜在内需，从而带动消费，也就是说供给侧结构性改革在保持国民经济稳定、减少泡沫经济等方面发挥了重要作用。

民众消费、创新升级、供给侧结构性改革这三方面的良性循环，既有助于企业发展生产力，在生产制造、技术创新、服务等方面不断提升，获得可观的收入和利润；又有助于民众获得更为可观的收入，并可以将不断提升的可支配收入再次投入消费中。同时，还能够释放资金用于各产业的投资，以推动经济在稳定的态势中向好发展。

需要我们注意的是，这种消费不是无限制、无节制的消费，而是在居民个人可支配收入范围内，或是在不造成出现坏账的情况下所进行的消费。例如，日常所需消费或者是用来适当提高生活品质的消费，或者是按揭买房、买车等。如果出现大量无限制、无节制，以及消费者本身无法负担得起的消费，有可能会导致在生产销售环节中逐渐出现坏账，进而导致不良率的提高，从而埋下金融风险的隐患。

从目前来看，消费市场已经成为中国经济增长最大的动力来源。消费市场之所以能够增长，并不是因为人们开始进行越来越多的消费，而是因为中国各产业在不断地做大、做强。只有通过一系列高新技术深入改变传统产业结构，才能令消费者创造更多的价值，最终推动中国消费水平的提高。

在此背景下，我们还需要意识到，消费对经济增长贡献水平的大幅提升，意味着投资的下滑。虽然当前的经济发展状况不能简单以传统的"三驾马车"理论作为分析依据，但是投资状况的相对疲软对未来的产业发展、产业进步也会造成相对不利的影响，亦会影响中国未来的消费。

消费、投资、出口这"三驾马车"要并驾齐驱，才能为中国经济高质量的发展铺平道路。因此，我们要清楚，消费是结果，通过各种方式推动消费才是我们真正需要做的，这背后的力量来自中国综合实力的增强。

6 引才不宜束手脚 人尽其才尤可贵

一场以"抢人大战"为标志的城市竞争,已经在全国范围内硝烟弥漫。

十多年前的老电影《天下无贼》中有一句经典台词:"21世纪什么最重要?人才!"事实的确如此,人才不但是经济发展的推动力,也在各个城市的战略布局中起着至关重要的作用。近年来,一、二、三线城市纷纷上演"抢人大战",不少省会城市因此放宽了落户条件。例如,天津市发布"海河英才行动计划":不超过40周岁的本科学历人才,不超过45周岁的硕士及任何年龄段的博士,均可直接落户天津。此外,有的城市甚至还倒贴补助以吸引大学毕业生,其力度之大前所未有。

自2017年以来,全国各大城市相继加入"抢人大战"。天津、东莞、成都、郑州、西安及太原等各大城市,相继发布了吸引人才的相关政策,各地的人才争夺战开始升级。2018年，东莞市政府出台"一号文"，以"建设美丽东莞"为纲，形成了一套系统性的聚才方案，意在举全市之力提升城市品质，让东莞成为人才创新创业的沃土。对于东莞以何条件吸引优质人力资源，东莞市委书记梁维东曾表示："我们必须坚定'产、城、人'融合的方向，力争通过三至五年时间的努力，实现城市品质内涵的跨越，全面提升城市承载力和竞争力。"

另以武汉为例，2017年，武汉在提出"五年内留住百万大学生"的计划后，又在同年6月发布了《关于支持百万大学生留汉创业就业的若干政策措施》，内容涵盖安居落户、促进就业、支持创业、高效服务四个方面，支持"大学生留汉创业就业"，确保实现"五年内留住百万大学生"的目标。

当前，中国经济已进入资本报酬递减的时代，人才红利效应越发得以凸显。因为城市的综合竞争力的强弱，最终都与其相应的人才配置密不可分。据笔者观察，目前，许多城市已充分意识到人口、人才对于城市发展的重要意义，都在想方设法以特色优势留住人才。对人才的吸引，各大城市应该"因地制宜"，把人才问题放在城市经济及社会发展的总体战略布局中统筹规划，才能精准地"抢到"城市最需要的人才。

归根结底，人才是实现民族振兴、赢得国际竞争优势的主要战略资源。城市对人才的争夺，直接关系城市的转型升级和区域竞争力，人才的引进也会促使二线城市向一线城市发展。例如，2017年较早出台人才计划的西安、武汉、成都、郑州等地均是新晋的"准一线城市"。这也是这些城市率先打响人才争夺战的主要原因。

相比很多二线城市还在吸引毕业大学生落户，北京、上海这样的一线城市更倾向于根据各自发展定位及特点，向高端人才"定向"抛出橄榄枝。例如，北京既招揽科技创新人才，也瞄准了文化创意人才，这与首都的全国政治中心、文化中心、国际交往中心和科技创新中心这四个功能定位相吻合；上海重点引进的十三大领域人才也与上海在国际经济、金融、贸易、航运和科技创新这五个方面的建设紧密相关。

各地的人才争夺战仍在如火如荼地进行，尽管显得有些激烈，但笔者认为这是一种良性竞争。更为重要的是，以往的人才主要聚集在老牌一线城市，其他城市很难享受到这样的红利，人才大战则打破了户籍壁垒，促进了人才流动，优化了人才配置，推动了城市间的均衡发展。但与此同时，二三线城市由于经济发展相对缓慢，人才招收政策吸引力不够，因此很难加入当前的人才争夺战中，甚至有可能出现人才流失越来越严重的情况，对此，国家需要关注并给予政策扶持。

对于二三线城市来说，吸引人才不但需要"量体裁衣"，还需要充分发挥市场的作用，让市场来决定引进什么人、引进多少人。不同城市的优势产业和规划方向都不尽相同，想要吸引更多人才到当地创新创业，需要适度放宽标准，在人才政策差异化上下功夫，同时找准自身定位，围绕城市的发展规划，有针对性地制定人才引进政策和计划。

吸引人才只是第一步，更重要的是要想办法留住人才。想要留住人才，优化人才生态环境是至关重要的一环。加强城市的软、硬件设施建设，完善公共服务，优化营商环境，靠环境吸引人、培育人，才能实现人才的可持续发展。因为真正吸引人才的还是成熟、高效的产业链，形成特色产业集聚发展效应，人才自然会慕名而来。

最后需要指出的是，一座城市的发展既离不开金领、白领，也离不开蓝领。从短期来看，各地人才争夺战纷纷瞄准高科技领域人才无可厚非，但也要注意基础设施建设等领域的人才培养和引进，否则将会影响城市的综合竞争力。

7 战略工具是数据工业发展不可缺

在互联网时代，最重要的发展工具是数据。人工智能之所以越来越发达，关键在于数据，它是人工智能得以实现的前提。因此，工业数据的采集、分析是企业对未来发展进行研判和决策的重要基础，更是一个国家关于制造业发展、转型、升级的重要战略工具。

工业数据是在工业领域信息化应用中产生的数据，主要来自三个方面。一是信息管理系统数据，一般出现在工业信息化管理系统中，如企业中常见的企业资源计划（Enterprise Resource Planning，ERP）管理系统；二是生产或机器设备数据，主要是工业生产过程中有关机器、设备、产品等方面的数据；三是市场数据，即相关行业数据、客户数据、政府资源数据等企业或产业链外部的数据。

单独来看，这些数据是枯燥乏味的，但如果以大数据的角度看这些数据，会发现它对企业的发展有着至关重要的作用。

举例来说，美国福特汽车公司生产的电动车堪称"大数据电动车"，该公司不断收集关于汽车各方面的数据，通过分析在汽车行驶过程中司机的举动和操作，工程师会了解客户的驾驶习惯，以及该如何对产品进行改进，该在哪些地方设置电动车充电站，以此不断改进产品，实现产品的加速创新。

与此同时，美国通用电气公司也在收集其产品的数据，主要目的是对产品进行监测，以便对其故障进行诊断。该公司监测着全球50多个国家和地区上千台燃气轮机的数据，每天收集的数据多达10GB，这些大数据将为该公司对燃气轮机故障诊断和预警提供支撑。10GB的数据在工业数据中并不算大，例如，波音737飞机的发动机在飞行中每30分钟就能产生10TB数据，其发动机、燃油系统、液压和电力系统等数以百计的变量数据组成了在航状态，这些数据每隔几微秒就被测量和发送一次。

还有数据显示，意大利玛莎拉蒂汽车公司通过数字化工具加速产品设计，使得开发效率提高了30%；德国西门子股份公司应用数字工厂解决方案，使其产品不合格率大幅降低，并在场地面积不增加的情况下，使生产效率提高了8倍。这些经验显示，大多数致力于满足客户需求、不断提升产品质量和使用体验的企业，都在工业数据的支持下实现了加速发展。

与传统的信息反馈渠道不同，工业数据的反馈通过互联网、移动物联网等渠道实现低成本、高效率的连接，再通过融合工业物联网云平台的云计算与高级分析功能，实现对各种工业数据的分析研究。

工业数据，是实现"工业 4.0"的必要条件之一，能够为制造业带来数字信息方面的创新，不同于靠企业管理层所谓的经验和市场潮流做分析判断，这种以市场数据作为客观依据的做法将在未来的企业转型发展中成为主流。在全球范围内，工业数据目前还处于初步发展阶段，即便部分发达国家已经获得一些成果，但对人类的发展和时代进步而言依然远远不够。

虽然我们距离"中国制造 2025"还有一定的"时间"和"空间"距离，但从中国当前重要的大型企业来看，研发设计、生产控制、组装测试、售后运营、远程服务等智能制造环节的信息化建设，都离不开工业数据的支撑。

在需求不断增长的同时，中国工业数据的建设也在有条不紊地进行着。在国家层面上，2018 年 3 月 8 日，工业和信息化部信息化和软件服务业司在北京召开《工业互联网平台建设及推广工程实施指南》研讨会，围绕工业互联网平台建设、工业企业上云、工业 App 培育、工业数据采集等领域进行了讨论，并称下一步将加快完善《工业互联网平台建设及推广工程实施指南》，积极推进"十大重点设备上云"等重点工作。在企业层面上，中国重要的互联网公司、通信硬件服务商等龙头企业，也在工业互联网平台建设方面加大了投入力度，着手为后期的发展布局。

可以肯定的是，工业数据将会为工业化的发展带来深刻的变革。企业按照传统的形式办公、生产并非不可以，只不过很可能会被采用工业数据的企业在短时间内超越，随后逐步失去市场。在工业数据的支撑下，企业的研发、生产、运营、营销和管理方式都将实现创新，其中既有主动的创新，也会有被动的创新，但前提是企业愿意在工业数据收集上下功夫、投资金。

8 莫言愚者是痴人 恒心毅力助国强

愚者是古代塔罗里的第一张大牌，本意是无拘无束的、自由的人，抑或意志力坚强、有恒心和大毅力的人。塔罗是西方占卜工具，偏向于心灵占卜，其真正来源还在考证之中。而在中国古代寓言故事中，有一个与之对应的人物，即春秋战国列御寇笔下的愚公。在《愚公移山》一文中，名为愚公的老者不畏艰难，坚持不懈，挖山不止，最终感动上天而将山挪走。

不管是愚者还是愚公，代表的都是无论遇到什么困难，只要有恒心、有毅力地坚持做下去，就有可能获得成功。

愚者还是人生的"起点"，我们每个人初生下来，都要经历一段从懵懵懂懂到不断完善的历程，有的人天资聪颖，有的人大器晚成，有的人最终一事无成。愚者的一生，其实也代表着这个世界上一种最高的法则。不要在乎世人的眼光，不管是追求卓越学术成就还是功名利禄，都能够执着于真理和坚守良知。更能够为了至高的精神理想，无视近在咫尺的悬崖峭壁。

成为愚者，也是一种人生的选择。愚者的行为总是显得有些不符合常理，他们看上去快乐、愚蠢、热情、无知，甚至脱离现实。有时候在我们看来冒险的行为，在愚者眼中，却值得去追寻甚至不惜牺牲自我，因此显得十分笃定。我们恰恰因为缺少这份从容不迫，所以无缘于其所带来的澎湃力量。

这股无可比拟的力量，或是成就事业的源泉，或是邂逅挚爱伴侣的必要条件，或是摆脱世俗枷锁的勇气。愚者不畏惧一般人所畏惧和逃避的事物，因此得到的比失去的更多。

愚者就算不知道未来如何，也不知道危险是否即将发生，也依旧勇往直前，因为只要做了自然就会知道结果。相反，世上有很多人，因为畏惧而不前行，浪费了大好年华。愚者敢于尝试，反而收获了果实。

在所有的愚者中，笔者最欣赏两个人。一个是 2015 年因提取出青蒿素而获得诺贝尔生理学或医学奖的屠呦呦，另外一个是中国"核潜艇之父"黄旭华院士。

先说屠呦呦。20 世纪 60 年代，引发疟疾的寄生虫——疟原虫对当时常用的奎宁类药物已经产生了抗药性，中国亟须寻找新的抗疟疾的药物，以解决旧药的抗药性问题。当时，青蒿素的提取是一个世界公认的难题。屠呦呦和她的同事无数次碰壁，翻阅中医药典籍、寻访民间医生，搜集了包括青蒿在内的 600 多种可能对疟疾治疗有效果的中药药方，但都没有发现有效的药方。

后来，屠呦呦为了不破坏青蒿里面的有效成分，改用乙醚提取青蒿素。直到第 191 次实验，终于发现了有效的成分。但为了确保成分安全，屠呦呦和她的团队竟用自己的身体做实验，屠呦呦还因此得了中毒性肝炎。功夫不负有心人，经过十几年的努力，科学家们终于在 1984 年实现了青蒿素的人工合成。

科研是艰辛的事业，唯有耐得住寂寞，坐得住冷板凳，才能有所作为。不难发现，屠呦呦其实就是愚公移山精神的典型，更是淡泊名利、专心致志精神的代表。

再说黄旭华。黄旭华刚刚三十出头就坚定献身于中国核潜艇事业，因为工作需要，他隐姓埋名 30 年，连自己的父母、兄弟都不知道他在做什么工作。因为在 30 年里没回过一次家，他被家中兄妹误以为不孝。

1988 年初，核潜艇按设计极限在南海进行深潜实验，这是一次极为危险的实验。在 20 世纪 60 年代，美国一艘王牌核潜艇就曾在做这一实验时永沉海底。为了安定"军心"，当时年过六旬的黄旭华决定以总设计师身份亲自登艇，现场指挥极限深潜。黄旭华在赴南海进行深潜实验之前，顺道回家探望母亲，此时黄旭华的母亲已经 93 岁高龄。当年父亲在他执行工作任务时去世，他也未能回家奔丧。

黄旭华的母亲在1987年通过杂志得知下落不明30载的三儿子黄旭华是中国核潜艇总设计师时,她召集子孙说了这样一句话:"三哥(黄旭华)的事情,大家要谅解,要理解。"

有时候笔者在想,究竟是什么力量支撑着黄旭华毅然前行,让当时连研制核潜艇的基本条件都不具备的黄旭华研发团队,最终使中国第一艘核潜艇顺利下水,让中华民族拥有了捍卫国家安全的"海上巨龙",除了为人民服务的崇高理想,剩下的就是持之以恒的愚公精神和不怕失败的勇气。

迷雾蒙眼心不慌 稳中有进质可期

2019年是中国经济发展的一个重要的年份。

回顾2019年的中国经济,笔者印象比较深刻的就是在外部环境异常复杂的形势下,中国经济增长保持了总体平稳、稳中有进的发展态势,主要的宏观经济指标运行在合理区间,经济结构在不断优化调整。与此同时,中国的经济形势还出现了三大新变化:一是中国经济已经从中高速增长转向了高质量发展,步入了"重质"新阶段;二是经济开放更进一步,未来经济开放的大门只会越开越大,并将持续推进高水平开放;三是作为全球经济发展的贡献者和国际秩序的维护者,中国推动了全球经济治理体系的改革完善,促进了世界经济逐渐实现可持续发展和平衡、包容性增长。

在此背景下,2019年前三季度中国GDP增长了6.2%,增速有所放缓，但仍是世界经济增长的最强动力之一。总体来看，中国经济仍然具有十足韧性。改革开放以来，中国GDP增速一直处于高位区间，遥遥领先于世界GDP的平均增速。据清晖智库统计，近三十年来，在所有年度GDP过万亿美元的经济体中，只有中国的年度GDP增速突破了两位数的百分点，并且是连续五年。

研究发现，随着经济的快速发展，物价水平也会有一个较大幅度的提升。2019年以来，很多人感觉物价明显上涨，除了一些短期炒作的因素，还与两大因素有关。一是食品价格上升，特别是受非洲猪瘟影响，市场猪肉供给量减少，导致肉类价格猛涨，其传导效应带动了物价指数的整体上升。目前虽然在国家的支持下，各地生猪生产节奏逐步恢复，但要想完全恢复还需要一段时间。二是宽松的货币政策造成物价上涨，因为当前很大一部分释放出来的资金，并没有完全进入实体经济中，而是流入了股市、楼市和其他渠道之中，从而间接带动了物价的上涨。至于老百姓关心的猪肉价格行情，预计在国家保供稳价等措施频出的背景下，猪肉市场供应有望在2020上半年逐步恢复正常，未来整体的物价水平也将趋于稳定。

值得注意的是，在物价上涨的同时，房价却保持在稳定状态，甚至出现下降的趋势，很多人认为两者之间具有一定的相关性。 但是，据清晖智库研究，物价与房价之间的相关性不大。实际上，衡量物价水平最重要的指标 CPI，与房价上涨的关系并不大，倒是猪肉涨价能够在一定程度上推动 CPI 上行，因为猪肉价格占中国 CPI 权重的 40% 左右，可谓是"半壁江山"。

2019 年 7 月，中共中央政治局会议提出不将房地产作为短期刺激经济的手段，笔者认为这对房地产行业带来的影响将是深远的。个将房地产作为短期刺激经济的手段，说明房地产市场的调控政策出现了重大变化。说到底，中央此举实际上意在支持实体经济、防止脱实向虚，即防止炒房对实体经济形成挤出效应，因为振兴实体经济才是中国经济稳健发展的根本之道。让房地产市场回归到"房子是用来住的、不是用来炒的"定位上来，才能防患于未然，真正意义上促进房地产市场的健康发展，推动实体经济不断发展壮大。反之，房地产市场若成为短期刺激经济增长的工具，必然会在多番刺激之下，使中国房地产市场泡沫越变越大，导致各种风险不断累积。

2018 年，SOHO 中国有限公司董事长潘石屹就曾表示，中国的房价已经高得离谱了，原因是租金回报率低于银行贷款利率。经过调查研究，笔者发现，就大部分城市而言，中国房价的确很高，高房价透支了很多家庭未来几十年的消费能力，成为压垮无数年轻人梦想的"罪魁祸首"。与此同时，有些人可能一辈子不吃不喝都买不起房。究其根源，高房价问题可能出在"土地财政"上面。由于地方政府将大部分的财政收入都上交了中央，再加上没有发行公债的权力，因此，要想搞好地方建设和发展，就必然需要依靠地方财政收入，即拿土地作为抵押，取得地方建设和发展所需的大量资金。对于地方政府而言，土地出让的价格越高，自然对地方财政收入越有利，因此对"土地财政"乐此不疲。

10 "证照分离"全覆盖 制度创新造格局

2019年11月,国务院印发《关于在自由贸易试验区开展"证照分离"改革全覆盖试点的通知》(以下简称《通知》),宣布自2019年12月1日起,在全国自由贸易试验区开展"证照分离"改革全覆盖试点。

《通知》提出,试点要实现涉企经营许可事项全覆盖。建立清单管理制度,分级实施清单管理,将法律、行政法规、国务院决定和地方性法规等涉企经营许可事项全部纳入清单,清单要定期调整更新并向社会公布。

"证照"是企业进入市场的两把"金钥匙"。所谓"证",指的是各行业主管部门颁发的经营许可证;"照",指的是工商部门颁发的营业执照。按照中国的法定程序,企业只有办理了相应的经营许可证,再办理营业执照,才能从事生产经营活动。

《通知》文件中所提及的"证照分离",指的是将企业经营所需要的营业执照和能分离的许可类证件相分离,即先赋予企业市场主体资格,然后再令其申请相关的经营资格,此举在逻辑上具有一定的合理性。

笔者认为,在自由贸易试验区开展"证照分离"改革全覆盖试点意义重大,其不但能够区分行政登记与行政许可,把商事主体的经营自主权还给商事主体本身,更重要的是,还有助于划清政府与市场的界限。中央大力推行此项改革,最终目的是提升行政效率,优化营商环境,激发市场活力。

近年来,中国一直在深化"放管服"改革,推进"证照分离",破解"准入不准营"等问题。2015 年 12 月,上海自贸区开展"证照分离"改革试点,到 2017 年 9 月,在浦东新区试点成功的基础上,国务院决定将试点范围扩大至上海以外的全国其他 10 个自由贸易试验区。2018 年 10 月,国务院部署在全国推行"证照分离"改革,从当年 11 月 10 日起,国务院决定在全国范围内对首批 106 项涉企行政审批事项实行"证照分离"改革,通过直接取消审批、审批改备案、实行告知承诺、优化准入服务四种方式,将企业经营所需要的营业执照和能分离的许可类证件相分离,实现"照后减证"。中国推行商事制度改革有效降低了企业制度性交易成本,企业获取营业执照的时间大大缩减。

作为中国改革开放的一扇重要窗口,自贸区在此次制度创新中再次扮演了至关重要的角色，起到了"榜样"的作用。据清晖智库统计，截至 2019 年 11 月底，中国已经在上海、广东、天津、福建等地成立了 18 个自贸区。笔者认为，自贸区在此次改革中扮演着"先锋队"的角色，最大程度上转变了行政模式并产生了多重的叠加效果。与此同时，此举对自贸区的建设发展亦具有重大意义，有利于探索出行政审批制度新机制和新模式，并形成大量可复制、可推广的实际经验。同时，自贸区以制度创新为核心，加快了商品、服务、人才、资本及信息等资源自由流动，从要素开放上升到了国际贸易投资规则的开放，是新时期中国在探索投资、贸易、金融和管理等方面，不断进行制度创新和扩大开放的高地。

事实上，开展"证照分离"改革是推进"放管服"改革的一项重要举措，也是当前推进供给侧结构性改革的重点。解决了企业"办照容易办证难""准入不准营"等现实的问题，具有极其重要的现实意义。以往，群众办事"跑断腿""磨破嘴""话难听""脸难看"等现象十分常见。此次"证照分离"改革可谓为企业和百姓带来了实实在在的便利，不仅效率极高，而且服务态度也更加热情。由此可以发现，开展"证照分离"改革的另外一个重要目的，就是通过清理行政许可、取消审批等措施，将属于市场的彻底归还给市场。

更重要的是，此次"证照分离"改革的力度很大且范围很广，所以面临的阻力更大、困难更多，但是仍然有望取得三大成效：一是进一步转变政府审批模式，逐渐从以严格审核为主的准入前审批，转为以信用为依托的事中、事后监管；二是营商环境得以进一步优化，市场活力得以充分释放；三是形成了大量可复制、可推广的成功经验，未来或将向全国大规模推广，把改革真正落到实处。

未来，"证照分离"改革全覆盖的范围会更大，若能够在全国范围内推广，必将会产生深远的影响，不但有助于提升政府的治理水平，激发市场主体活力，提升自贸区经济运行质量，而且还能够促进全国营商环境的不断优化，形成全方位对外开放的新格局。

11 三大板块有新机 投资取向看真意

在内外部不确定性因素较多的背景下，2020年全年有三大板块的投资机会是明确的。

第一是雄安新区板块。自雄安新区设立以来，A股市场的上市公司纷纷加快了在雄安新区的业务布局，其中基建类、环保类上市公司在斩获订单之后，或将率先受益，甚至有望涌现出黑马股。以环保类上市公司为例，基于雄安新区"生态优先，绿色发展"的总体建设思路，环保行业将会迎来全新的机遇。显而易见，在雄安新区建设中，对环保类项目一定会有所倚重，大型环保类项目落地指日可待。特别是对于那些拥有区位优势、积极参与京津冀生态环境治理的环保类上市公司，合同得到履行之后，将对公司未来的经营业绩产生积极影响。

笔者大胆预测，2020年，雄安新区在《河北雄安新区总体规划（2018—2035年）》的指引下，将会形成塔吊林立、热火朝天的建设新局面，相应参与建设的上市的公司业绩也将会水涨船高。需要指出的是，在2020年之后的3～5年，雄安新区将仍然处于基础建设阶段，在此背景下，基建类上市公司的收获会更大。除了基建、环保板块，5G、区块链等尖端技术也在高科技要素云集的雄安新区内开始被布局，并应用到雄安新区建设的方方面面。与此同时，在上述文件当中还明确提出，雄安新区要坚持数字城市与现实城市同步规划、同步建设，适度超前布局智能基础设施，打造智能城市信息管理中枢。

第二是5G板块。2019年是5G元年，2020年则是5G规模化发展之年，5G将会驱动不同行业加快变革步伐。5G的大规模商业应用，将会给传统产业、新兴产业等带来翻天覆地的变化。对于传统产业而言，传统产业将会与产业互联网成为命运共同体，借助5G的力量实现质的飞跃。对于新兴产业而言，则会进入一个全新的领域，5G的意义很可能会超过当初互联网的发明的意义。5G是万物互联的重要基础，同时也是一个万亿元级规模的巨大市场。根据中国信息通信研究院发布的《5G产业经济贡献》，预计在2020—2025年，中国5G商用直接带动的经济总产出将达10.6万亿元，5G网络总投资额将在9000亿元至1.5万亿元，同期，电信企业的5G业务收入累计将达到1.9万亿元，5G将直接创造超过 300 万个就业岗位。另据清晖智库统计，5G 将为全球带来总计约为 14 万亿美元的经济产出。

对各家运营商而言，5G 的意义不仅限于此，它还是部分运营商实现"弯道超车"的一次关键机会。在 4G 时代落后的运营商，到了 5G 时代等于有了一个扳回一局的机会。对于投资者而言，2020 年 5G 板块的投资机会相对确定，因为即便有中美贸易摩擦等不利因素的影响，该行业依然保持着较高的增速。预计随着 2020 年基站建设高峰的到来，5G 终端渗透率将会得到快速提升。与此同时，我们需要对因为外部局势紧张而导致贸易摩擦持续加剧的情况保持高度警惕，以更好地把握 5G 及其相关产业链的投资机会。

第三是消费板块及各行各业的优质企业。这个不难理解，因为消费市场的增长已经成为中国经济增长最大的动力源。消费市场之所以能够增长并不是因为人们进行了越来越多的消费，而是因为中国各产业在不断地做大、做强。也正是因为产业的不断壮大，在科技企业不断进行研发的背景下，一系列高新技术改变了传统产业结构，进而令生产者为消费者创造了更多的价值，最终演变成为消费规模的增加。从投资角度来看，除了老牌消费白马股，各行各业的百元股也都是一些符合国家战略发展方向的新兴产业龙头标的。因其有出色的经营状况作为内在支撑，同时又符合市场风向，所以成为市场资金追捧的"宠儿"。但是，在进入百元股行列后，会不会持久在列则要"因股而异"。一般情况下，业绩优良、基本面没有大问题的百元股都能够持久在列。不过，其后期走势也会受外部因素的影响，所以投资者对此应持谨慎态度。

后记

我很想在这篇后记里，专门讲讲我的故事。我出生于 20 世纪 80 年代的一个秋天，那年发生的最大历史事件之一就是中国改革开放和现代化建设的总设计师邓小平视察深圳，在总设计师的带领下，中国迎来了一个重要的年份。从年初到年尾，在幅员辽阔的国土上发生着日新月异的变化。在当年的国庆 35 周年游行活动中，出现了印着"小平你好"四个大字的横幅，画面瞬间传遍全世界，成为历史上珍贵的一幕，也成为中国改革开放进程中的一个里程碑式的标志。对于那一年，媒体经常用四个字来表述，那就是"春潮涌动"。

现在回忆那个年代，许多记忆都已渐渐模糊，唯一记得的是我表哥骑自行车突然过来通知我上小学的那一天，那天我被领到校长办公室，从一数到十，随后就开始了小学的学习生活。如果不是在小学三年级时遇到教语文的范老师，我现在可能与千千万万的农村打工青年一样，默默地在建筑工地辛勤地挥洒着汗水，挣着微薄的工钱养家糊口。是她把我带进了语言和文字的世界里，让不爱说话的我内心充满了丰富的心理活动。在她的鼓励下，我每次写的作文都是"优秀"，还不时地被拿出来念给全班的同学听。

小学时期，在我最喜欢的课文《一定要争气》的影响下，我懂得了只有靠自己艰苦奋斗才能取得成功的道理。在上初中之前，我阅读了能够借到的每一本书，至今记得有《资本论》《孙子兵法》《隋唐演义》《太阳照在桑干河上》等。

在初中一年级开学后，教语文的陈老师布置的第一篇作文是关于自我介绍的，因为我在作文中提到了《孙子兵法》中的几句话，即"知彼知己，百战不殆；不知彼而知己，一胜一负；不知彼，不知己，每战必殆"而受到了格外的关注，并被当作范文在全班朗读，老师同时鼓励我坚持博览群书，以在将来成为国之栋梁。

初中三年，对我影响最大的是教英语的赵俊兰老师，她在有一次看到我负责创作的黑板报之后，走过来对我说，希望我将来能够往艺术领域发展，成为一名画家。我不加思索地告诉她我不会那么做，因为我有别的追求。当时，我暗恋一位女同学的事似乎被她发现了，于是她在一次英语课堂的提问环节，故意叫我的名字："宋清辉，你来回答一下这个问题。"我回答完之后,她稍加思索说出了一句令我难忘的话,"托人办事要送(宋)礼(李)",然后赵老师就叫到了这位李姓同学,我当时感到脸颊一阵发烫,内心七上八下。在这期间,我写的一篇关于人物的记叙文,发表在由当时河南省粮食局主办的《粮油市场报》上,我还收到了报社邮寄过来的二十元稿酬。

高中阶段,由于深受"韩流"书籍的影响,我写了十多万字的长篇文学作品《零度青春》,其中的个别章节还得以在报纸、杂志上发表,一时间我收到了全国各地很多读者的来信。一家出版单位甚至还给我邮寄了图书出版合同,希望我的作品能在那里出版发行。后来,书稿还受到河南省作家协会原副主席兼秘书长、著名作家刘学林的推荐,并亲自写了推荐信寄给时任长江文艺出版社编辑部主任秦文仲。我当时也对能够在高中阶段出版自己的第一本书而感到高兴。遗憾的是,由于高考在即,考前的紧张气氛对每个考生都是一种无形的巨大压力,因此,我只能寄希望于上了大学之后再做考虑,暂时将作品压至箱底。

大学期间,我对什么书都很感兴趣,读了能够读到的各种各样的书籍,我如饥似渴、夜以继日地读书,甚至有些疯狂,即便衣服单薄也感受不到北京冬天的刺骨寒冷,我在思想上渐渐地有了新的认知,对专业书籍的需求也越来越迫切。记得有一次,为了寻找一本国际金融和电子商务方面的书籍,我找到在中国人民大学读书的高中同学,去借她们学校图书馆里的书籍,但后来不小心弄丢了一本书之后,就再也没有去过,并因没有找到丢失的书而耿耿于怀。也就是在这期间，我对经济学产生了浓厚的兴趣，不管是上课学习讨论的内容还是阅读的书籍，几乎全都跟经济学有关。立志成为一名经济学家，是我在大学期间所做出的一个艰难决定，因为这意味着我要把自己全部的时间、精力和资源用来坚持做一件事情，朝着清晰的目标心无旁骛地奋斗。这一坚持，就是十五年！

一路走来，如果没有母亲马云霞、父亲宋文印无条件的爱和支持，我就没有坚强的精神后盾，也就无法成为今天的我。我的爱人单艳红，是默默站在我背后的人生伴侣和事业伙伴，为了我的事业和孩子的成长，她没有一句怨言，一边扛起全家的担子，一边坚持长篇写作，记述我们的故事。宋昊然、宋单昊然是我们的两个勤奋懂事的孩子。宋昊然从小立志成为一名画家，一岁的时候就在妈妈的引导下开始学习美术绘画，他十分热爱这门艺术，每天都坚持练习数十张画稿，显得比同龄人多了一份自信和成熟。宋单昊然则立志成为一名数学家，在上幼儿园之前，他就已经能够计算较为复杂的数学题目，并且看了许多不属于他这个年龄阶段的孩子看的数学方面的书籍。我认为，人的志向随着年龄的增长或会有所变化，但从小立志仍值得勉励。

这十五年，我先后在电子工业出版社、石油工业出版社出版了多本通俗经济学图书，还多次受邀在国内外的经济论坛上发表演讲，致力于发出不同的声音。对于这本《床头经济学》的出版，我要感谢电子工业出版社刘声峰、知名财经作家姚茂敦等人的热情帮助，是他们的辛勤努力，让本书得以顺利与读者朋友见面。这是我和电子工业出版社的第二次合作，第一本书的编辑是该社博文视点的高洪霞女士。

此外，我还要感谢那些曾经帮助过我的人，他们中有著名的大学教授、财经记者、政府官员和智库专家等，他们每个人的名字都在业界如雷贯耳，在此就不一一列举了，是他们让我的事业和人生得以长远发展。最后，感谢读者朋友的支持，但愿这本书能够对你有所启发。当然，也要感谢那些萍水相逢的人。

世界总是为有梦想的人让路，"上天"也会做出善意的安排。我在这十五年间经历的许多事情和做出的不懈努力，都为市场逐渐接受我做出了良好的铺垫。至今，我仍然选择与商业保持距离，坚持自己所信奉的经济学理念，踏踏实实地做学者，以客观公正之心，为市场提供更多、更好、更纯洁的思想产品。

这就是我的故事。

2019 年 12 月 2 日
于深圳清林径家中

未经许可，不得以任何方式复制或抄袭本书之部分或全部内容。
版权所有，侵权必究。

图书在版编目（CIP）数据

床头经济学 / 宋清辉著. —— 北京：电子工业出版社，2020.4
（数字化生活. 新经济）

ISBN 978-7-121-38239-0

Ⅰ. ①床… Ⅱ. ①宋… Ⅲ. ①经济学 — 通俗读物 Ⅳ. ① F0-49

中国版本图书馆 CIP 数据核字（2020）第 009750 号

责任编辑：刘声峰（itsbest@phei.com.cn）　　文字编辑：王欣怡
印　　刷：三河市华成印务有限公司
装　　订：三河市华成印务有限公司
出版发行：电子工业出版社
　　　　　北京市海淀区万寿路 173 信箱　　邮编：100036
开　　本：720×1 000　1/16　　印张：13.75　　字数：136 千字
版　　次：2020 年 4 月第 1 版
印　　次：2020 年 4 月第 1 次印刷
定　　价：60.00 元

凡所购买电子工业出版社图书有缺损问题，请向购买书店调换。若书店售缺，请与本社发行部联系，联系及邮购电话：（010）88254888，88258888。

质量投诉请发邮件至 zlts@phei.com.cn，盗版侵权举报请发邮件至 dbqq@phei.com.cn。

本书咨询联系方式：39852583（QQ）。